利永紫砂
LIYONG ZISHA YIXING CHINA

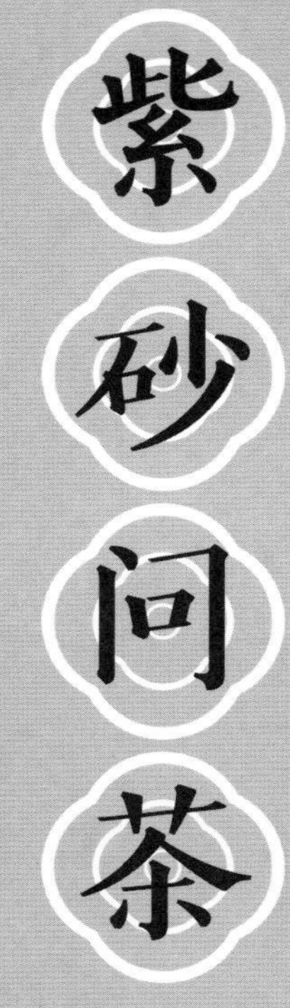

紫砂问茶

杨飞 编著

浙江大学出版社·杭州
ZHEJIANG UNIVERSITY PRESS

利永紫砂博物馆内景

推荐

紫砂与茶的问答

无论有着多么悠久的可以追溯的历史，无论有着多么光彩照人的当下，又无论有多少云山雾罩辨识不清的疑惑，紫砂总绕不过去的一个字——“茶”。

紫砂以茶壶成名，明代周高起《阳羡茗壶系》称道阳羡茗壶是茶的香海莲邦，是茶的洞天福地，砂壶皆是相对于茶而言。吴骞《阳羡名陶录》称道阳羡制壶有古法陶道，有湖浜遗范，更是放在了陶瓷的大领域来讨论紫砂茶壶，紫砂壶由问茶而提升为文化传统的载体。

紫砂问茶，问的是何为茶？探寻茶的本质和茶的趋向。茶问紫砂，问的是何以用壶？找的是茶与紫砂壶之间用和美的平衡。为茶而生的紫砂工艺，形成紫砂壶对茶的容纳和增色增香及保鲜的价值；茶的芳香醇厚，从神农尝百草到黄金碾畔绿尘飞，至明代优选出在紫砂壶的天地中发挥展演，由神话而进入雅室书斋。

你问我答，我问你答，紫砂与茶的问答从未停滞。种种语境的交流又外化出多彩的形色。

《紫砂问茶》一书，注重紫砂壶泡茶科学实验的数据，是近年来最为用心的一次问茶和问壶。科学实验以及紫砂名陶的艺术匠心鉴赏，正是紫砂和茶问答语言往来的印迹，也提供了今天可以参悟的微妙路径。这样的问答多多益善！紫砂壶和茶在相互的深入交流中也将碰撞出更新更好未来！

南京师范大学美术学院教授　高英姿

五色泥土，历经风霜雪雨，就有了梦想。

一枝嫩芽，阅尽阳光雨露，而深沉香郁。

紫砂与茶，都是一种来自泥土的光芒，它们惺惺相惜，默契豁达，互相成就。

书中有很多引人入胜的内容，比如对紫砂陶与茶的起源与发展等方面的介绍，让我们对紫砂文化和茶文化有了更加全面和深入的了解。本书用通俗易懂的语言，将深奥的紫砂与茶的文化知识讲得生动有趣。同时本书还从人、器、茶的逻辑关系、精神追求等方面娓娓道来，让读者更容易理解和感受茶文化的魅力。

本书介绍了茶叶相关历史、茶的香气与味道形成的机理、品茶方法、茶与健康的关系等，探究紫砂作为茶器与茶在历史上的文化融合，从专业角度探讨紫砂壶在茶道美学中的应用。更让人惊喜的是，本书通过浙江大学茶学专业团队对六种茶叶与各种不同紫砂泥料泡养后的成分检测，揭示了紫砂与茶之间的奥秘，为大家在壶和茶的搭配选择上提供了科学依据。

本书以专业的笔触完成了全面解读，全书脉络清晰，可读性强，让读者能够更加深入地了解中国文化的精髓，堪称茶人壶友的良师益友。

国家级非遗项目绿茶制作技艺（西湖龙井制作技艺）传承人　樊生华

欣闻《紫砂问茶》一书即将出版，看介绍这是一本紫砂与茶趣味相投的书。

“洞庭无处不飞翠，碧螺春香百里醉。”茶圣陆羽著述《茶经》时多次寻访苏州东西山。历代很多文人雅士也不吝赞美之词，清代文学家龚自珍更是盛赞“洞庭山之碧螺春为天下第一”。

千年的碧螺春与千年的紫砂壶皆为江苏名片、江苏地标，历史悠久，享誉中外。衷心祝愿《紫砂问茶》一书能够为中国茶文化的传承创新开启一派新气象！

国家级非遗项目绿茶制作技艺（碧螺春制作技艺）传承人 施跃文

中国自古以紫色为人间最贵之色，所谓紫气东来。

宜兴与长兴一山之隔，紫笋茶与紫砂壶，因茶事而绵延了千年的深厚缘分。唐朝时，阳羡紫笋与顾渚紫笋一同开启了贡茶之滥觞；明朝，紫砂壶兴起，开启了文人茶器的序幕。

我浸淫茶事近五十载，传承紫笋茶，亦好紫砂壶，得见《紫砂问茶》一书，暗相契合，江南茶事风雅又添一胜矣！

国家级非遗项目绿茶制作技艺（紫笋茶制作技艺）传承人 郑福年

赏紫砂之韵
品佳茗之趣

火之为用，使人类得以存续；

茶之为饮，使人类得以文明。

茶，起源于中国，盛行于世界。从古代丝绸之路、茶马古道、茶船古道，到今天的“一带一路”，茶穿越古今、跨越国界，深受世界各国人民喜爱。

水为茶之母，器为茶之父，《易经》有云：“形而上者谓之道，形而下者谓之器。”古人亦有云：“工欲善其事，必先利其器。”自古以来，人们讲究饮茶之道，也注重饮茶所需器具，饮好茶，离不开好的茶具。

中国是茶的故乡，也是陶瓷的故乡，在中国陶瓷发展的历程中，宜兴是中国著名的陶都，有七千多年的制陶史，以其优良的材质、独特的工艺、卓越的功能以及文人所赋予的丰富的人文内涵，成为世界陶瓷百花园中的一朵奇葩。紫砂应茶而生，宜兴因紫砂而繁华。宜兴所产的紫砂，17 世纪便由葡萄牙商人输入欧洲，被外国人称为“红色瓷器”“朱泥器”。长久以来，宜兴紫砂名播世界，到民国时期，更是在芝加哥、巴拿马、伦敦等世界各地的博览会上多次斩获金奖。

2022 年 11 月 29 日，“中国传统制茶技艺及其相关习俗”被列入联合国教科文组织人类非物质文化遗产代表作名录，宜兴紫砂陶制作技艺于 2006 年首批入选国家级非物质文化遗产代表性项目名录。

茶源于中国，爱茶品茗，以壶为友，陶冶性情，修炼人品。臻于化境者，必然是以茶水为我，茶壶为知己，把壶品茗，心神交流。苏东坡爱茶，“从来佳茗似佳人”。梅尧臣恋紫泥，“紫泥新品泛春华”。欧阳修喜紫瓯，“喜共紫瓯吟且酌”。米芾更有紫砂情结，“香生玉尘，雪溅紫瓯圆”。到了明清时代，更有“壶痴”“壶缘”的传说，这部《紫砂问茶》中就收录有多类紫砂与茶结缘后的文化现象，精致与灵巧，儒雅与俊逸，在律动的字节中，呼之欲出，让读者回香绵长。

“人间珠宝何足取，岂如阳羡一丸泥。”自古以来，紫砂就是技艺和精神的一体。阳羡湖畔的宜兴，是著名画家徐悲鸿、吴冠中的家乡，也是紫砂壶的故乡。宜兴的制陶匠人们不断从中国茶文化、宫廷文化和民间艺术中汲取营养，令其赏用兼优，宜兴紫砂凭借其悠久的历史和卓越的艺术成就闻名于世。

古往今来，对紫砂与茶的解读，陈陈相因，一直没有上升到学理的高度。此书以细腻的笔触和生动的描写，将紫砂艺术和茶文化的魅力展现得淋漓尽致，是作者杨飞先生为适应中国茶文化向世界传播推广之需要而作，融学术性、文化性、实用性于一体，可以让读者透过紫砂来窥见茶文化贯通古今的历史传承。这是很有意义的尝试，亦是一种良好的学术态度。期待广大读者能够从中有所受益，有所领悟，有所发现，有所创造。

谢谢！祝福各位读者！

著名茶文化研究专家
中国国际茶文化交流中心首席专家
世博会“中华茶文化全球推广大使”
刘　峰

这是一本全面介绍宜兴紫砂陶的起源与发展，并且从中式生活方式来解剖其人文精神的著作。书中全面解析了紫砂这一特有的文化现象，紫砂从材料、造型、功能，再上升到文化与精神，特别是茶、器、人三者相互关系的研究，是其他同类型书中少有的！

书中还结合了许多检测分析报告，具有科学的视角及参考性，值得推荐。

江苏省工艺美术大师　张正中

年轮　张正中　制　利永紫砂博物馆藏

文人雅士对于茶艺之道，一直怀抱无尽的热忱与追求。在传统茶文化中，众多的思想观念与艺术形式总是不倦地参与，为之增添了光彩夺目的精神元素，紫砂因其独特的艺术韵味和卓越的品质，成为茶人心目中不可或缺的独特元素之一。

《紫砂问茶》作为一本深入探讨紫砂文化的著作，旨在弘扬紫砂文化，传承茶道精髓。它以文人爱紫砂为范例，通过揭示茶与紫砂之间的奇妙互动，勾勒出一幅幅流淌着情感和智慧的画卷。潜心琢磨紫砂之道的作者将我们带到了时间迷宫中，并让我们清晰地看见了茶与紫砂的一个个传奇与正统。

紫砂，它是中国传统文化的瑰宝，它深沉而含蓄，凝聚了工匠艺术的智慧和灵感。从其精心制作的工艺中，我们可以看到艺术家们对形态、质感与纹理的追求，也能感受到他们对自然美的敏锐洞见与呈现。紫砂器不仅仅是容器，更是一种精神的象征，它让茶人们沉浸在一种静谧与深思的意境中。

茶与紫砂，在这本书中交相辉映，相互衬托。通过对不同名家的紫砂器的解读，我们可以感受到每一位文人在创作时的用心与匠心，以及他们对于茶道文化的领悟、沉迷和狂喜。他们将自己的情感与理念融入这土与火共同完成的作品之中，使得每一件紫砂器都成为一个个由人性升级为神性的艺术品。

《紫砂问茶》这本书以其深入浅出的风格，以及对于紫砂文化的全面阐释，成为当代茶人的推荐读物。它不仅仅是一本介绍紫砂的专著，更是一本向世界传播中国传统茶文化的重要出版物。它为读者们揭示了茶与紫砂之间微妙的关系，引导我们去认识茶香与紫砂之美的不朽姻缘。

愿《紫砂问茶》这本书能够为读者带来启迪与感悟，增进对于紫砂文化的理解与喜爱。在这茶香四溢的世界中，让我们与紫砂相伴，共同品味其中的知识、智慧与丰姿。

韵海之巅品牌创始人、资深茶人 陈剑

紫砂，让茶生活更美好

中国是茶的故乡，是世界上最早种茶、制茶和饮茶的国家。中国茶的起源可以追溯到神农时代，跨越五千多年的历史长河。它承载着源远流长、博大精深的茶文化。

品茗之雅，始于汉，兴于唐，而盛于宋，流传两千年。茶之韵味，早已不限于开门七件事的物质层面，更深蕴着丰富的精神内涵。它融入诗书画、医释道等文化领域，形成东方独特的茶道美学，最终成为中华文明与精神的重要组成部分。

在中国，喝茶是一种高雅的文化情趣，而茶具，作为品茗的器具，则是表现这种情趣的重要载体。它与茶相生相伴，深受茶文化的影响，承载着独特的茶生活方式。

紫砂素有“世间茶具称为首”之誉。在“唐煮宋点”的饮茶法之后，冲泡之法开启了自明代以来简约雅洁、返璞归真的饮茶之风。正是由于泡茶的需要，紫砂以其良好的透气性，使人尽享茶之色香味，从而登上了茶文化的历史舞台。

地处江南的陶都宜兴，文化底蕴深厚，素来有“陶的古都，茶的绿洲”之称。在这片有着7000多年陶文化和几千年茶文化积累的土地上，紫砂与茶发生了奇妙的化学反应。小小的紫砂壶，因茶而生，由茶乃盛，承载了人们对茶道、书法、绘画等艺术形式的热爱，进入了高雅文化的殿堂。紫砂在与茶文化的碰撞和结合中，像是一对双向奔赴、令人艳羡的爱人，相互成就，彼此融合，最终成为自成体系的紫砂文化。

茶生活方式与紫砂之间的相互影响、相得益彰，是随时代的演进而持续更新不断变化的。这本《紫砂问茶》，正是从历史和文化之根源上，系统阐述了紫砂艺术的发展与茶以及茶文化的密切相关性，厘清了水与器、茶与壶之间的依存关系。

如今喝茶之风日盛，众多茶人壶友都知道用紫砂壶泡茶好，但是真正知道紫砂为何能在各种材质的茶具中脱颖而出、经久不衰，还是少数。所以，该书在研究紫砂究竟为何好的层面上，特邀浙江大学茶学系的专业团队参与，对不同泥料的紫砂壶与六大茶类茶叶的冲泡配适进行科学且深入的研究，并出具了业内唯一系统翔实的权威研究报告，用实事求是的科学分析和严谨准确的研究数据，有效论证了紫砂壶的优越性，同时也对广大读者在如何选择适合自己使用的紫砂壶时能起到一定的指导意义。这也是该书的核心价值所在。

紫砂，是中国茶文化中不可或缺的一部分，它既能提升茶的口感，又能彰显茗饮的艺术品位。赏用咸宜的紫砂壶，将继续在东方美学的茶生活中绽放异彩，为更多的爱茶爱壶人士带来品茗的乐趣。

是为序。

《百年巨匠》总策划、行知丝路研究院校长
李小琳

鸿运杯、旗袍壶•雍容 李小琳 题并绘

序言二

与紫砂的缘分要追溯到1985年，当时我在中国农科院茶叶研究所工作。那年要召开第一届“茶与健康”的国际学术会议，陈宗懋所长派沈培和、吴幼亭等几位老师和我一起去宜兴采购一批紫砂壶作为会议礼物。我第一次就有幸到了宜兴紫砂研究所，并且见到了所长顾景舟先生，他戴着眼镜，面庞清秀，给我们介绍了玻璃橱中的各种紫砂壶。说起来十分惭愧，那时刚毕业，年轻没有见过世面，不懂紫砂壶珍贵，而且囊中羞涩，顾大师的作品现在已经是稀世珍宝。那次采购的200把壶深受参会外宾和代表们的喜爱。

我那时在中茶所制茶室工作，还负责接待外宾，也经常把时大彬的壶拿在手中告诉国外朋友们紫砂壶泡茶之好处，现在想来也是我这辈子的幸事，与紫砂壶有缘。

至今学茶、教茶和研茶四十年，才明白紫砂壶泡茶之妙，尤其是与中超利永紫砂壶博物馆好友张晓认识后，更是听她常常介绍各种泥料的不同奥妙、制壶的技能、冲泡不同茶类时择壶的原理。于是乎，我提出可否用数据来证明大众的认知，宜兴市中超利永紫砂陶有限公司领导们直接委托我们浙江大学茶学系的团队开展了“紫砂壶冲泡不同茶类后茶汤成分和滋味变化原理”项目，双方认真仔细地设计了研究内容，经过半年的研究，得到了详细的结果（如本书所附）。这也是本书作者的大爱和胸怀：追求真理，愿意用科学的方法求解紫砂与茶的关系。让爱紫砂和茶的朋友们能够很好选择，应该买怎么样的壶才能得到最佳的茶味，让择壶难度迅速降维。紫砂壶代表着中国人的智慧、中华文化的精髓，将美学、书法等艺术用一团泥呈现得精美绝伦，而且有无穷乐趣，一把好壶对于我们喝茶的人更是如获至宝。

《紫砂问茶》这名字取得有禅意，两个来自泥土的大地作品相互欣赏，天作之合，成就对方的同时，呈现出了最优秀的自己。希望我们的读者和作者也如紫砂和茶，历久弥新。让紫砂与日月同辉，与茶万古！

浙江大学茶学系教授、博士生导师

屠幼英

上新桥（复刻自利永紫砂博物馆藏顾景舟制上新桥）

顾问及编委名单

总顾问

李小琳

顾　问

（按姓氏拼音首字母排序）

樊生华　吕尧臣　施跃文
屠幼英　郑福年　周桂珍

编　委

（按姓氏拼音首字母排序）

陈　剑　陈茆生　储集泉　范伟群　范永良
范泽锋　范卓群　季益顺　蒋丽隽　李变芬
吕俊杰　马伟华　沈　鹏　沈映斌　施　敏
吴东元　徐　曲　徐晓曙　许元强　杨　飞
杨其明　叶旭东　俞荣骏　张红华　张　晓
张正中

玉璧提梁 顾景舟制

编者按

《紫砂问茶》一书以中国茶文化为背景，通过阐述紫砂壶与茶、茶文化的密切关系，系统地介绍了紫砂艺术的发展历程。书中详细介绍了紫砂壶泡茶时的优异表现，并邀请了浙江大学茶学系的专业团队，对紫砂壶冲泡不同茶类的茶汤成分和滋味变化原理进行了深入研究，为广大读者提供了实用的选购建议。

通过本书，读者不仅能够了解紫砂的历史文化，还可以深入了解紫砂壶的制作工艺、泥料种类以及冲泡技巧。书中不仅展示了各种造型和工艺的紫砂壶，还通过科学的实验数据，让读者更加深入地了解紫砂壶与茶之间的联系。

此外，本书还对不同泥料的紫砂壶进行了深入研究，并且结合六大茶类的特点，总结出了泥料与茶的搭配技巧。读者在选择紫砂壶时，可以根据自己的口味和喜好，选择适合的泥料，以更好地品味茶的口感和韵味。

在阅读这本书的过程中，读者可以逐渐领悟到紫砂壶的独特之处，以及它在中国茶文化中的重要地位。通过书中的研究和讲解，读者不仅能够了解紫砂壶的历史渊源，还可以掌握选择和使用紫砂壶的科学方法。

这本书为读者提供了一个深入了解紫砂壶和茶文化的窗口，以期让广大茶人壶友更好地品味茶的韵味，同时更好地欣赏和理解紫砂壶的艺术价值。

掇球
邵大亨制

目　录

题记

励成汉方

（复刻自利永紫砂博物馆藏励成汉方壶）

中国是历史悠久的文明国度，代表着其文明现象之一的陶文化灿烂辉煌。原始社会的人类祖先过着茹毛饮血的生活。自从掌握和运用自然火和人工取火进行熟吃的技术后，发现火塘里的泥壁能烧结得十分坚硬，于是就有意识地以黏土类及主要含黏土的原料和其他天然矿物质为基本材料，经过配制、粉碎、加工、成型，最后烧炼成陶。人类早在旧石器时代就学会了工具的制作，直到新石器时代，才伴随着相对定居的农耕文化发明了烧陶技术。

宜兴，地处长江中下游的太湖之滨，山明水秀，物产丰富，早在七千多年前的新石器时期，就有了从事制陶业的原始先民生活在这片土地上。春秋战国时期，这里已经能生产出精美的几何印纹硬陶和早期青瓷。秦汉时期，开始烧造釉陶。宋代，宜兴陶窑分布较广，而主要集中在两个地区：一是以丁蜀为中心，主要烧制缸、坛、钵之类的日用陶；二是以西渚五圣庙为中心，主要烧制小型的盛水器皿。许多这些陶器在器表以釉彩装饰，既实用又美观。

正是因为宜兴地下蕴藏着丰富的陶土资源，地上生长着优质的茶树，又有着七千多年连续不断的制陶史，宜兴紫砂陶便应运而生了。

第一章

历史机缘中的碰撞

供春

黄玉麟 制

第一节　宜兴紫砂陶的起源与发展

一、紫砂明代成陶说

宜兴紫砂陶究竟起源于何时？成书于明崇祯年间周高起著的《阳羡茗壶系·创始》载："金沙寺僧，久而逸其名矣。闻之陶家云：僧闲静有致，习与陶缸瓮者处。抟其细土，加以澄练，捏筑为胎，规而圆之，刳使中空，踵传口、柄、盖、的，附陶穴烧成，人遂传用。"又《正始》篇载："供春，学宪吴颐山家青衣也。颐山读书金沙寺中，供春于给役之暇，窃仿老僧心匠，亦淘细土抟坯。茶匙穴中，指掠内外，指螺纹隐可按，胎必累按，故腹丰尚现膄，审以辨真。"

原来，取得功名后任提学副使的吴颐山，曾于明正德年间携书僮读书于金沙寺中。家僮见寺僧到附近任墅石灰山旁的窑工处取来陶土，自炼泥制壶，他私下取了一点老僧制壶后洗手沉淀在缸底的陶泥，按寺旁大银杏树上的瘤样捏成壶形，里面用茶匙挖空，又以"壶供茶春"之意，用竹刀在把梢下镌刻了篆文"供春"二字，因为当时有新茶采制后首先向天地供祭的习俗。

同时，据清代吴梅鼎（吴颐山之曾侄孙）著的《阳羡磁壶赋》中有"余从祖拳石公（指吴颐山）读书南山"之载，南山即大潮山，于是有了紫砂发源地是大潮山福源寺一说。

无论是金沙寺还是大潮山，紫砂界主流研究认为紫砂起源于明代正德年间。

二、背景与成因

宜兴紫砂陶虽有数百年历史，但作为有着七千多年连续不断制陶史、陶的门类品种繁多的古老陶都来看，仍属于一个年轻的陶种。宜兴紫砂陶之所以能从诞生之际就活力四溢，充满着顽强而旺盛的生命力，虽历几度低谷而脱困创造辉煌，是因为催生并滋养着它的是天时、地利、人和。

1. 制陶历史悠久

宜兴的制陶史源远流长，陶文化氛围浓郁，具有得天独厚、先天优越的生存环境。

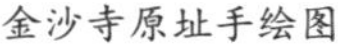
金沙寺原址手绘图

大潮山福源禅寺

2. 陶土资源丰富

宜兴有着发展陶瓷产业优越的地理环境，在600多平方公里的南部丘陵山区蕴藏着多种陶土资源。宜兴陶土矿分布范围，长26.6公里，宽3.3公里，面积达88平方公里，预计储量9867万吨，工业储量5000万吨，居江苏省首位。其中白泥占5%、甲泥占83%、嫩泥占6.2%，其他占5.8%。驰名中外的紫砂原料就夹藏在甲泥中，每百斤甲泥中挑选到3～5斤就算含量丰富了。因此，只有在大规模的甲泥采掘过程中才能筛选到极少量宝贵的紫砂矿料。

3. 茶叶品质优秀

宜兴地处暖湿带向亚热带过渡的北亚热带南部季风气候区，土地肥沃，雨量充沛，气候适宜，四季分明。宜兴是中国的名茶产区，所产“国山荈茶”始于三国孙吴时代，到了唐朝，茶圣陆羽赞誉阳羡茶“芳香甘辣，冠于他境”，并向朝廷举荐，使“阳羡紫笋”成为“贡茶”。用阳羡茶、紫砂壶、金沙泉水冲泡出的茶水，汤清色浓、回味甜醇，让人们尽享和乐融融，所以有“宜兴三绝”之谓。于是，越来越多的人爱上了“阳羡茶”，越来越多的人爱上了用宜兴的紫砂壶泡茶品饮。紫砂壶因茶而兴，因人而宜，人们追求着怡情养性的高品质生活，也促成了紫砂业的经久不衰。

三、紫砂陶的发展阶段

宜兴紫砂陶的发展阶段大致可分为七个时期。

1. 孕育期　宋元至明正德年间

据相关考古与史料分析，宋元时期可能已经出现了紫砂陶的原始雏形，直至明正德年间供春壶的诞生，才宣告了真正意义上的紫砂壶由此创始。

2. 成熟期　明嘉靖年间至清顺治年间

（1）随着供春"树瘿壶"的问世，明嘉靖至隆庆年间（1522—1572），出现了董翰、赵梁、元畅、时朋为代表的制壶"四大家"。

（2）李茂林，是继"四大家"同时或稍后出现的一位制壶名手。

（3）继"四大家"和李茂林后起的是当时就被誉为"壶家妙手称三大"的时大彬、李仲芳、徐友泉三位壶艺高手。

时大彬，号少山，明嘉靖至万历年间人，系宋尚书时彦之裔孙，父亲即"四大家"中的时朋。他在成型技法上改变了原"斫木为模"的制法，首创"围身筒"与"镶身筒"成型法。还与文人士大夫多有交游，改作大壶为小壶，以更适合文人的饮茶习惯，并把文人情趣引入壶艺，又使壶艺与茶道文化融合，把壶艺文化推向一个崭新的发展阶段。

小吴经提梁（复刻自利永紫砂博物馆藏周桂珍制吴经提梁）

炉均釉四方壶　利永紫砂博物馆藏

（4）明代万历年间至清顺治年间，制壶艺人名家辈出，有欧正春、陈信卿、陈用卿、沈君用、陈仲美、惠孟臣等。

3. 兴盛期　清康熙年间至清道光年间

（1）清康熙至乾隆年间，宜兴紫砂茗壶造型全面发展，参与西方贸易的贴花朱泥壶、孟臣款水平壶也随之兴起。另外，因器思变，涌现出许多别出心裁的装饰方法，主要有泥绘、加彩、浮雕、堆泥、印贴簇花、粉彩、珐琅彩、炉均釉、绞泥、镂空、包漆、包锡、镶玉等多种装饰技法，争奇斗艳。

（2）这一时期的代表人物当数花器巨匠陈鸣远。陈远，字鸣远、号鹤峰，宜兴川埠上袁村人，出身于紫砂世家。陈鸣远在壶体镌刻诗文作装饰，署款以刻铭和印章并用，把中国传统绘画与书法的装饰方式首次引入紫砂壶艺，使原来光素无华的壶体增加了许多隽永的趣味，从而将壶艺、茶道与文人雅士的情致融为一体，极大地提高了紫砂壶的艺术含量和文化价值。

（3）清嘉庆、道光年间，紫砂壶的创作由于文人士大夫的直接参与和倡导，在造型与装饰上均发生了新的变化，增添了浓厚的文人意味。壶艺风格一扫乾隆时期注重艳丽妍巧的风格，式样以方圆光素器为主，盛行陶刻装饰，书法、绘画、铭文、篆刻成为主要装饰手段，紫砂壶的书卷气、金石味更加浓烈。因此，文人参与紫砂，是嘉、道年间紫砂艺术发展盛况空前的一大亮点，首推者是嘉庆时期到溧阳任县宰的陈曼生，后继者有瞿子冶、邓奎、朱坚、乔重禧等一批文人。

陈曼生，字子恭，名鸿寿，号曼公、恭寿等，别号种榆老人、西湖渔隐等，斋轩名有种榆仙馆、阿曼陀室、桑连理馆等，钱塘（今浙江杭州）人，嘉庆六年应科举中拔贡，官至淮安同知。善古文辞，为“西泠八家”之一。他工隶书，追求金石味；嗜茗饮，酷爱紫砂壶。嘉庆十八年左右，到紧邻宜兴的溧阳做地方官，当时诗文名流麇集，他和钱菽美、汪鸿等过从甚密，又有郭频迦、江听香、高爽泉、查梅史等一批颇为不俗的幕客文友。他带着幕僚，到宜兴结识了杨彭年、杨宝年、杨凤年兄妹及邵二泉、吴月亭、蒋万泉等一批制壶

松桩（复刻自利永紫砂博物馆藏陈鸣远制松桩）

周盘　杨彭年 制 利永紫砂博物馆藏

高手，并画出“十八壶式”让彭年等制作，还为之题其居名为“阿曼陀室”，由之开启了名匠名士、珠联璧合的壶艺创作历程。

“曼生壶”的主要特点是融造型、文学、绘画、书法、诗词、篆刻于一壶，壶腹上镌刻山水花鸟和简约隽永耐人寻味的铭文，使清雅素净的紫砂壶平添许多的诗情画意，形成独特的文人壶风格，从而使紫砂壶超出了单纯茶具的框束，具有了丰富的文化内涵。“曼生壶”的底部多钤有阳文篆书“阿曼陀室”方印，少数作品用自“桑连理馆”书斋印，壶把梢钤“彭年”椭圆小印。所刻铭文，位置多在壶肩与壶身，文字多与茶事相关。由于曼生壶在当时制作数量就较大，又因珍贵，保护下来的传器也就不少。

（4）这一时期著名的紫砂艺人还有惠逸公、陆思亭、郑宁候、华凤翔、许龙文、邵元祥、陈汉文、邵旭茂、项圣思、申锡、邵大亨、邵友廷、邵友兰、邵元林等。

（5）在这一紫砂陶艺术发展的兴盛期内，更有多位知名人物、书画大家及文化名流参与其中，起到了推波助澜的作用。

4. 平淡期　清咸丰年间至日军侵占宜兴前

（1）清咸丰十年（1860）四月至同治三年（1864）正月，太平军占领宜兴，宜兴陶业因太平天国运动波及受到影响，紫砂业也由兴盛转向平淡，但仍有一批紫砂艺人坚持了下来，并受到达官显贵和文化名人的器重。清末民初，一批制作销售紫砂的陶器行（店、公司）也犹如雨后春笋般地办了起来，聘请专业的制壶艺人和专业的陶刻艺人进行制作。

（2）梅调鼎，号赧翁、字友竹，清道光至光绪年间浙江慈溪人。精于经学，能诗善画，尤擅书法，是晚清一位著名书法家。其与紫砂艺人韵石、林园等合作的诸多壶艺作品，颇具艺趣，所撰铭文切题，书法秀雅，镌刻工细，步陈曼生后尘，被称为“前有陈曼生，后有梅调鼎”。创办玉成窑，聘制壶高手何心舟、王东石到玉成窑传授技艺、合作创制。

（3）黄玉麟，原籍丹阳，幼孤，十三岁就随邵湘甫学制壶，曾先后受名流吴大澂和顾潞（号茶村）之聘至家中制壶，还和著名书画家吴昌硕有过合作。

陈曼生书法作品

陈曼生像

掇球　程寿珍　制　利永紫砂博物馆藏

（4）1912年，在宜兴芳桥士绅、前清秀才周文伯（1874—1953，著名科学家周培源之父）的积极推动下，利永公司应运而生。利永公司在发展中壮大，1915年选送的名手程寿珍、范大生、陈光明等制作的紫砂器，参加在美国旧金山举办的“首届巴拿马太平洋万国博览会”展评，获头等奖等奖项；1920年在蜀山开办“陶工传习所”，招收20名年轻学员，聘请程寿珍、范大生、汪生义等名师教制坯，邵云如教刻字，精心培养后继人才，并建立紫砂工场，在后山新建一座30余米长的永安龙窑；1925年，选送所聘名家程寿珍、范大生、俞国良等制作的掇球壶、合菱壶、传炉壶等紫砂器参加在美国费城举办的“万国艺术博览会”，获特等奖；1929年，又在比利时“列日国际博览会”上获银牌奖。继之，宜兴紫砂又先后在1932年百年一度的美国芝加哥世界工艺博览会和1935年英国伦敦国际艺术展览会上，分别获优秀奖状和金质奖章。

此时，宜兴紫砂的从业人员已达600多人，全年共烧造紫砂器140多窑，年产量达220多万件，产品畅销日本、东南亚各国。

（5）清末民初时期，还有一批擅长书画陶刻的专业艺人参与紫砂创作，主要有吴汉文、戴国宝、陈伯亭陈少亭父子、崔克顺、陈懋生、韩太（泰）、邵云儒（如）、路兰舫（卢兰芳）、陈研卿、沈瑞田等。与此同时，还有多位社会名流、知名书画家参与紫砂创作，主要有胡远、黄彭年、蔡恺、张之洞、端方、汪锟、蔡元培等。

1915 年巴拿马太平洋万国博览会，程寿珍制掇球壶获头等奖

5. 衰落期　宜兴沦陷（1937 年）至新中国成立初（1949 年）

（1）自 1937 年 12 月宜兴大部分地区被日军占领，紫砂业遭到前所未有的严重破坏。其间蜀山一带原有的七座紫砂窑、一百多间厂房被毁，交通阻断。紫砂艺人流离失所，有的改行度日，有的外出谋生，整个蜀山窑场全年烧造紫砂壶不足千把，生产一片萧条。

（2）1945 年 8 月 15 日，日本宣布无条件投降后，由于国民党的腐败统治，货币贬值，物价飞涨，老百姓处在水深火热之中，民不聊生。紫砂陶业一蹶不振，处于奄奄一息的境地。至 1949 年，紫砂业界仍在制壶与陶刻的艺人已不足百人，陷入手艺人没饭吃、后继者几无人的困境。

（3）然而，漫漫长夜里，仍有人对紫砂寄予希望，坚定信念，甘守清贫，苦苦探寻着出路，被誉为“当代壶艺泰斗”的顾景舟大师就是其中一位代表人物。顾景舟（1915—1996），又名景洲，号瘦萍、壶叟、曼晞、武陵逸人、荆南山樵等，宜兴川埠上袁村人。少年就读于蜀山东坡书院，常于校长吕梅笙处研读古文。十八岁时随祖母邵氏制作紫砂陶器，二十岁时即跻身于名工之列。1939 年，他应古董商郎玉书之邀，到上海仿制古壶，因有机会观摩到明清传世精品，并深受触动。1945 年与吴湖帆、江寒汀等书画名人结识后，交往甚密，聚以切磋，并于 1948 年合作创作出了举世闻名的五件“石瓢壶”。

顾景舟（右）和铁画轩主人戴相明（左）、香港著名藏家罗桂祥（中）合影

6. 恢复期　新中国成立初期至改革开放前

（1）在党和国家的亲切关怀下，在地方人民政府的扶持下，将流散四处的紫砂艺人组织起来，让已转行的从业人员回归过来，1950—1953 年，宜兴紫砂产销联合营业处成立，统一组织生产和销售，紫砂器生产逐步得到恢复和发展，并由分散经营逐步向联合经营过渡。

（2）1954 年 10 月，裴石民、吴云根、朱可心、施福生、范正根、邵六大、范祖德等七人组建了紫砂工场，隶属于汤渡陶业生产合作社。1955 年至 1956 年，蜀山、前墅一带紫砂行业实现合作化，组建了宜兴县蜀山陶业生产合作社。

走出濒临衰亡的窘境，迎来充满希望的春天。在 1955 年和 1956 年，宜兴蜀山陶业生产合作社（宜兴紫砂工艺厂前身）开办了紫砂工艺学习班，两度在本地招收 61 名艺徒，设制坯、雕刻、釉炉三个工种六个班级，由江苏省人民政府任命任淦庭、朱可心、王寅春、吴云根、裴石民、顾景舟、蒋蓉等七人担

景舟石瓢

顾景舟　制（唐云旧藏）

座有兰言（复刻自利永紫砂博物馆藏顾景舟制仿古壶）

任“技术辅导”，采取边教边学边生产的方法培训。正是由于有着一批怀着对紫砂事业无比忠诚的艺人，他们勤奋踏实、埋头苦干，才让宜兴的紫砂业从低落境地逐步恢复元气，并走向一条振兴之路。

（3）与此同时，多所高等艺术院校的多位教授、专家、学者，诸如华东艺专、南京艺术学院教授朱士杰、孙文林，南京大学教授亚明，中央工艺美术学院教授高庄、白雪石、陈若菊、张守智、杨永善等，也单独或带着学生来宜兴走理论与实践、教育与生产相结合的道路，进一步促进了紫砂艺术的发展。

7. 鼎盛期　改革开放后

（1）20 世纪 70 年代末，国家实行改革开放政策，紫砂适逢发展良机，广大紫砂艺人解放思想，大胆创新，终于迎来了前所未有的鼎盛期。紫砂艺苑，

松竹梅花

（蒋艺华复刻自利永紫砂博物馆藏朱可心制松竹梅）

荸荠

（蒋艺华复刻自利永紫砂博物馆藏蒋蓉制荸荠）

百花齐放，争奇斗艳。新中国成立以后培养起来的优秀紫砂人才成为宜兴紫砂艺术创作队伍中的领军人物，涌现出徐汉棠、徐秀棠、谭泉海、吕尧臣、汪寅仙、周桂珍等一大批中国工艺美术大师和中国陶瓷艺术大师。

（2）1984 年，顾绍培制作、谭泉海镌刻装饰的紫砂作品“百寿瓶”和李昌鸿设计、沈蘧华制作、沈汉生陶刻的“竹简茶具”，在德国莱比锡世界博览会上受到诸多专家、学者的赏识，双双荣获“莱比锡春季国际博览会金质奖”，让宜兴紫砂在国际舞台上再次亮展神奇风采。

（3）宜兴紫砂文化与艺术从恢复发展走向鼎盛，除了紫砂艺术界拥有一支能工巧匠队伍外，也与有多位著名书、画、篆刻艺术家及知名文化学者的持续参与分不开，如朱屺瞻、刘海粟、李可染、吴作人、陆俨少、谢稚柳、陈佩

曲壶 汪寅仙 制

百寿瓶 顾绍培 制 谭泉海 刻绘

竹筒茶具 李昌鸿 制

秋、启功、关山月、张仃、高马得、程十发、冯其庸、黄胄、韩美林、范曾等，尤其是在紫砂欣逢盛世，进入不断繁荣的鼎盛期后，他们从祖国各地来到宜兴，与紫砂艺人展开了多方面交流和长时期合作。

正是有了许多热爱紫砂的书画名家及文化名流的积极参与，宜兴紫砂事业的发展才一直保持着经久不衰、旺盛红火的势头。

（4）近些年来，本地或外地艺术院校毕业的许多年轻人纷纷来到宜兴，与

1988 年首届中国宜兴陶瓷艺术节（陶艺节）

第九届陶艺节指定礼品 原陶杯

第十届陶艺节指定礼品 海棠杯

本地培养、土生土长的创作人才一起，形成了一支人数上万、蔚为壮观的紫砂艺术创作队伍。他们的学历普遍较高、理论知识普遍较丰富，所见所闻也更为广阔。在老一辈名家的精心培养和提携下，经过实践锤炼，已有部分人脱颖而出，成为行业中坚力量。

僧帽
顾景舟制

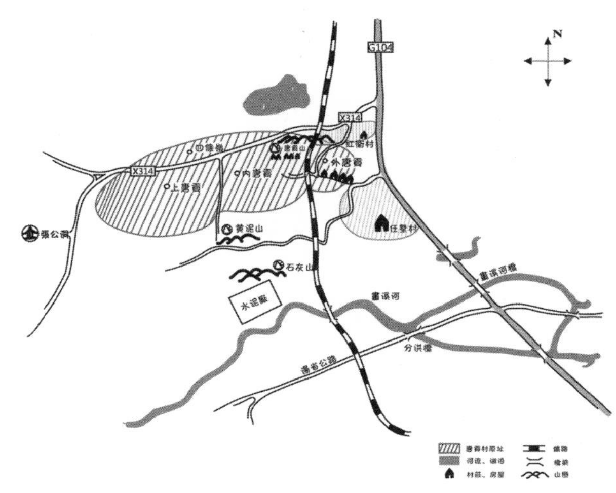

唐贡村手绘图

第二节　阳羡唐贡茶的起源与发展

宜兴“紫砂壶”的兴盛，与宜兴“阳羡茶”的兴盛有着千丝万缕的关系，正所谓“因茶而兴，由茶乃盛，壶茶共荣，茶壶同贵”。

追溯阳羡茶的历史，则可推延至东汉，时达1800多年。阳羡茶在唐代达到了鼎盛。唐代宗大历年间，经由“茶圣”陆羽举荐成为“贡茶”。宜兴南部唐贡山、唐贡村名亦由此而来，据宜兴旧志载记，“在县东南三十五里，临罨画溪，以唐时产茶入贡故名，金沙寺即在其下”。

一、唐贡村落今在何处

新104国道从丁蜀镇南北横贯而过，宽阔平坦。从1288路碑往南近百米处拐向西边一条坑坑洼洼的土石路，就来到一个东西走向的古村落，即现今的唐贡村。唐贡村由外唐贡、内唐贡、上唐贡三村从东向西连接而成。

唐朝时，这里产好茶，有山僧进献给常州刺史。刺史品尝后，觉得不错，

坐落于外唐贡村口镌有“唐贡”二字的陶缸

又请中国历史上第一位对茶进行研究并写专著、后被誉为茶圣的陆羽品尝。陆羽品后觉得“芳香甘辣，冠于他境”，并说“可荐于上”。这段轶事有唐《义兴县重修茶舍记》碑刻可证。

“阳羡紫笋”等品种统称为“阳羡茶”，经陆羽举荐，被朝廷定为贡茶。于是，每年清明前，都要征集几万役工来这里采茶，制茶的地址就设在这一带，光制茶的师傅就有上千人。久而久之，有人留下来定居，便形成了村落。

由于阳羡茶在唐朝就成为赫赫有名的贡茶，村以茶贵，这里最早居留的先民们便将村名题为唐贡村。唐贡村靠山而筑，山名就起为唐贡山，也有人称“后背山”，而阳羡茶，就自然成了唐贡茶。

外唐贡、内唐贡、上唐贡三个自然村，断断续续地相连，从东向西依山而建，蜿蜒近 2 公里。这里应该就是“阳羡贡茶”的源头，是“唐贡茶”走向鼎盛

［元］赵原《陆羽烹茶图》

的历史见证地。

据史料载，唐开元、天宝年时，陆羽四出云游，足迹遍及浙江、江苏、江西等地名茶产区，亲自动手，采制茶叶，尝鲜品新。他年少时曾随河南尹李齐物学习诗文，曾与李白、杜甫、颜真卿等名流多有交往。为了研究茶的种植、采摘、焙制和品茗，他在阳羡南山进行了长时间的考察，为撰写《茶经》一书积累了丰富的原始资料。

二、阳羡唐贡茶的历史传承

宜兴自古以来盛产茶叶，早有“茶的绿洲”之誉，产茶历史源远流长。

1. 东汉时期

成书于东汉末年的《桐君录》中有“西阳、武昌、晋陵皆出好茗”之记载，晋陵即今常州，常州当时辖区内多产茶的仅以阳羡（今宜兴）为主。由此可以推断，阳羡出产的茶叶在公元220年时的东汉时期就有名气了。

2. 三国孙吴时代

“国山荈茶”著称江南，宜兴旧志载：“离墨山在县西南五十里，……山顶产佳茗，芳香冠他种。”离墨山即国山，三国时孙皓在善卷洞旁立国山碑而名。

3. 唐代

阳羡茶成为贡茶，迎来辉煌。

（1）唐代中期，阳羡茶因成上贡之品而日盛，专设贡茶院生产贡茶。宜兴贡茶院唐时就有“房屋三十余间，役工三万人，工匠千余人，岁贡阳羡茶万两”，而几万人在此，居住的简易棚屋就要搭几千间，可见规模之大，这是一个多么轰轰烈烈的壮观场面啊。

唐代义兴（即宜兴）所产的茶又称“晋陵紫笋”“阳羡紫笋”，由于岁贡需万两，宜兴本地茶一度供不应求，因此与宜兴南山接壤的茶产地浙江顾渚均沾贡茶之利，命名“长兴均贡”。清明节前、贡茶开采时，地方最高长官要亲临开园并督促突击采茶，制成后，湖州、常州两州刺史都要到两州毗邻的茶山境会

“阳羡茶洲”被誉为“阳羡新十景”之一，
位于阳羡茶文化生态园内，“卢仝草堂”即建于此。

亭张宴赋诗，仪式极为隆重。由于阳羡贡茶是皇室偏爱的珍品，产量不多，更为名贵，故需通过驿道快马加鞭、日夜兼程急送长安。到了朝廷，必先祭祀宗庙后再赐重臣，以茶开“清明宴”，这急送去的贡茶被称作“急程茶”。

唐宪宗元和年间，诗人卢仝从游常州，因其好茶（后人誉为“茶仙”），特来宜兴结识了金鹅山人沈师鲁。也有一说源起明人周高起著的《洞山岕茶系》，谓“自卢仝隐居洞山，种于阴岭，遂有茗岭之目”。称卢仝首在宜兴南部茗岭山区种茶，其实他是继陆羽之后，但功绩卓显。宜兴旧志曾记卢仝诗《怀金鹅山人沈师鲁》，后卢仝又写下了传世之作《走笔谢孟谏仪寄新茶》，其中名句“天子须尝阳羡茶，百草不敢先开花”，自唐至今传唱千年不衰。这首《茶歌》与唐代陆羽《茶经》和赵赞的《茶禁》，并称唐代茶事“三绝”。

（2）唐时另一“阳羡茶”产地为宜兴铜官山北麓的南岳寺旁，也是“荆溪十景”之一“阳羡茶泉”的所在地。南岳寺始建于齐永明二年（484 年），唐代高僧稠锡是伏虎罗汉转世，曾驻锡于此，为伏虎道场。南岳寺的“洗肠池”，即稠锡

荆溪十景图之一《阳羡茶泉》 徐达章 绘

剖腹洗肠、涤尘去凡之地。稠锡因怀念家乡清茶，于是有白蛇衔来茶籽散种庙宇四周，采而制之，其香甘醇扑鼻，故又有“蛇种茶”之称，也成为唐阳羡贡茶之一。

（3）盛唐，造就了“茶盛”，也造就了阳羡贡茶的鼎盛。初开始的阳羡贡茶，均是从生长在丘陵山区灌木丛中的茶树上采摘的，东一株西一株，有的是飞鸟啄了茶籽落在悬崖峭壁上生长，需人们穿荆棘钻丛林攀悬崖，采摘自然辛苦了得。

由于朝廷茶事兴盛，官府越加重视，自唐起开始了茶树种植及培育研究，人们将山岭上野生茶树结的茶籽收集起来开荒辟地种植，进而扩展到民间，成为老百姓的一项农事活计，使面积、产量形成更大规模。

4. 宋代

每年向朝廷进贡的阳羡茶数量有增无减，饮茶之风也愈盛，不仅皇室钟爱，许多文人雅士也喜欢。

5. 元代

少数民族尤其是蒙古族人对茗茶引发兴趣，阳羡贡茶的需求量更大。据《万历志》卷四载，需“每年贡荐新茶九十斛，岁贡金字末茶一千斛，茶芽四百一十斛”。为投蒙古贵族喜好，朝廷还在贡茶院之外增设了“磨茶所”。

上图：［明］唐寅《桐荫品茶图》（局部）
下左：［明］丁云鹏《玉川煮茶图》（局部）
下右：［明］王问《煮茶图》（局部）

6. 明代

虽禁止制造贡茶，阳羡茶仍是皇家所需，其时的制茶工艺、饮茶习惯有了较大改变，叶茶、片茶逐渐取代末茶，绿茶制作工艺成熟。在沿用烹煮茶法的同时，出现了沏泡茶法，已初具规模的紫砂壶派上了大用场，紫砂壶优良的泡茶功能凸显出来，于是紫砂壶和用紫砂壶沏泡茶流行起来。到崇祯年间，各地设立茶馆，饮茶享受的风气普及到寻常百姓家，成为“开门七件事”柴米油盐酱醋茶之一。由于茶叶已成为百姓生活的必需品，朝廷又专设“茶局”“茶引所”，对茶叶的生产经营采取措施管理，宜兴城里至今仍有一条茶局巷。

7. 清代

因时局动荡，宜兴茶园损失巨大，但社会名流、名人雅士仍对“阳羡茶”情怀独钟，并由喜爱饮茶发展到对紫砂壶推崇备至。

8. 民国时期到新中国成立前

在日寇侵华、内战不断的时期，宜兴茶业进入相对的萧条期。但喜茶人到茶馆品茶，已成民间的一个习俗。有亲戚朋友登门，也定会首先泡上一壶好茶招待。更有多方人士为关心宜兴茶业的发展不遗余力，奔走呼号。1915 年 7 月，茗岭、湖汉、张渚茶户戴长卿、洪顺元、戴骐精制的雨前“雀舌茶”，在巴拿马太平洋万国博览会上赢得了金牌奖。

9. 历代文人多有咏茶诗

在宜兴茶业发展的同时，自唐以来多有文人墨客、名流雅士留下赞诵吟咏阳羡茶的精彩诗文词章。除有皇甫送陆羽南山采茶诗和卢仝《走笔谢孟谏议寄新茶》等名篇外，唐代白居易、皮日休、谢应芳、杜牧，宋代苏轼、欧阳修、米芾、梅尧臣、黄庭坚、辛弃疾、周必大，元代耶律楚材，明代唐寅、徐渭、文徵明、熊飞、林古度、俞彦、周高起，清代吴骞、陈维崧、冯念祖、周澍等，都留有单赞阳羡茶或在诗文词章中赞美阳羡茶脍炙人口的经典名句。

三、阳羡唐贡茶的今日新貌

宜兴是中国久负盛名的古茶区之一，也是江苏省最大的茶叶产区。宜兴南部的丘陵地带，青山逶迤，绿带萦绕，清香四溢，令人心旷神怡。作为得天独厚底蕴深厚的阳羡贡茶的原产地，1949 年新中国成立后得到了快速发展。阳羡茶产区扩大，现主要集中在洑东、湖㳇、茗岭、太华、善卷、新街等地。种植总面积已从 1949 年的 1.16 万亩扩大至近 8 万亩，产量从 175 吨增至 6500 吨，无论面积、产量均居江苏省之首。1989 年以来，“阳羡雪芽”“荆溪云片”等多个名优产品，在历届全国性的“中茶杯”、省“陆羽杯”等名茶展评中屡占头魁。进入 21 世纪，宜兴举办了多届茶文化节、茶研会。2002 年，宜兴成为全国首批 20 个无公害茶叶生产示范基地市（县）之一。

1. 宜兴独特的地理环境

宜兴地处江苏南端，与浙、皖二省交界，东濒太湖，西邻溧阳，南交浙江长兴，北接武进，西北与金坛、西南与安徽广德毗邻。地势南高北低，南部为丘陵山区，占总面积的 40%，属天目山余脉。丘陵地区的土壤以黄棕壤、红土壤为主，适宜茶树种植。宜兴的气候属北亚热带南部季风区，四季分明，温和

阳羡红红茶

湿润，雨量充沛，气候宜人，适合茶树的旺盛生长。优越的自然生态环境，造就了阳羡茶的优秀品质和迷人魅力。

2. 阳羡茶的优异品质

阳羡茶多在清明、谷雨前采制，焙制后的成品茶，条形紧直锋妙，色翠显毫。沏泡后，汤色清冽，叶芽匀整，清香淡雅，滋味鲜醇，回味甘甜，沁人心脾。阳羡茶以“汤清、芳香、味醇”的品质特点，以含有多种对人体有益的物质如茶素、茶单宁、茶多酚、芳香油以及多种维生素，具有提神醒脑、生津止渴，并有解毒、杀菌、收敛等药物功能，具备促进新陈代谢、增强体质等多种优点，备受称道。早在宋代，大文豪苏轼就有“雪芽为我求阳羡，乳水君应饷惠泉”之赞。明代周高起在《洞山岕茶系》中称：“阳羡茶”以“淡黄不绿，叶茎淡白而厚，制成梗绝少，入汤色柔白如玉露，味甘，芳香藏味中，空漾深永，啜之愈出，致在有无之外”。

3. 今日阳羡茶的发展气象

阳羡茶充满着茶文化意韵。它作为一个载体，早已超乎单纯的解渴除乏功

为你红红茶

用，光是从阳羡雪芽、荆溪云片、竹海金茗、盛道寿眉等一系列茶名就可领略到一种恬淡优美、内在蕴藉的文化追求。今天的“阳羡贡茶”依然“天生丽质”，气象万千。

在宜兴南部湖汊山区的玉女山庄至灵谷洞风景区之间，中超控股集团创建了占地 2000 多亩的“阳羡茶文化生态园”，将培植、采摘、焙制、茶道、品赏、收藏以及参观游览、养生休闲、对外交流、学术研讨、茶文化传播等集于一体，以独具一格的经营模式，力求打造富有特色的知名品牌，重现阳羡唐贡茶的盛世风采，为弘扬阳羡茶文化书写浓墨重彩的一笔。

宜兴紫砂由陶而生，又因茶而兴。宜兴紫砂器从诞生的第一天起就肩负着为茶服务的使命。壶随茶兴，只因为提升了茶的品位；茶随壶荣，只因为彰显出壶的功能。两者互利，一举双赢。它们在一个合适的地方、合适的时间遇见了对方，形成了历史性的华丽的“碰撞”，于是成就了一段如诗如画的机缘。

题记

阿曼陀室 石铫提梁 利永公司出品

紫砂与茶在中国文化中扮演着重要的角色。无论是茶的熏香、清淡，还是紫砂器的精湛工艺和灵性韵味，都呈现出中国人对精神升华与美感追求的深刻表达。

紫砂壶是传统文人雅士的代表之一，其造型和材质都展现出了中式美学的独特魅力。同时紫砂与茶作为中国文化中的重要元素，不仅是物质世界的必需品，更多的是人们精神世界的寄托。通过品茗与赏器，人们可以寻求清澈、雅致的生存环境，得到身心的休憩与涤烦。紫砂艺术以其深入人心的哲理和精湛的技艺，将茶人壶友对道的境界的追求具象化。

紫砂与茶在中式生活美学中占有重要的地位，对中国人精神寄托、生活美学以及道的追求起着的重要作用。人们通过研究和欣赏紫砂艺术，可以更好地理解传统文化的精髓，体验中式生活的极致美感，深入地了解中国人独特的生活智慧和审美情趣。

第二章 人文精神的交汇

鹧鸪提梁　顾景舟 制

第一节　折射传统中式生活

从古到今，饮茶一直与生活息息相关，茶，是国人生活中必不可少的东西。从药用到饮用，从达官显贵、文人雅士直至僧侣道士、黎民百姓，茶遍布国人生活的每个角落。谈及饮茶必然会提及紫砂，同样，谈及紫砂，茶也必不可少。历经千年，紫砂与茶悄然渗透到中国人生活的各个层面，折射出传统的中式生活方式。无论是居家休闲还是外出交际，我们的生活中总是透露着些许紫砂与茶的气息。我们在历史中探究它们的起源、发展、兴盛，于艺术文化中感受它们的包容、独特、影响。形而上的意识形态，都最终落地在与我们息息相关的日常生活之中。

一、柴米油盐酱醋茶与紫砂

英语中“A cup of Joe”指的是咖啡，意为无论你是食不果腹的流浪汉还是衣着光鲜的富贵人，都有平等的权利可以享用一杯咖啡。这不禁让我们联想到了茶，从文人雅士到贩夫走卒，都能领略品茶的情趣。“开门七件事，柴米油盐酱醋茶。”茶长期以来都是日常饮食生活中的必需品，在中国人心目中的地位也是不言而喻的。在中国不管质量好坏、价格高低，几乎每家每户都备有茶叶。到了大饭店、小餐馆，上菜前服务员定会拿来一壶茶。不管泡得好不好，那热腾腾的茶水若是少了，餐桌上的人一定第一个发现。餐前喝茶，餐后也喝茶，解腻。大鱼大肉吃多了，泡上一壶茶，口齿清香，油腻感瞬间就去了大半。甜点也得配茶，越吃越有滋味。

工作困乏来点茶，精神振奋。早在东汉末年，名医华佗就在《食论》中写下了，“苦茶久食，益意思”。这是他常年采药治病得出来的经验。每当他疲惫的时候就会喝上一杯清茶，兴奋大脑、提神解乏。所以又有：“沾牙旧姓余甘氏，破睡当封不夜侯。”但是咖啡和茶的最大区别在于夜间的睡眠体验。一项由英国萨里大学进行的研究显示，一天当中喝同样量咖啡和茶的人，白天他们会获得同样的活力，而到了晚上，排除掉那些对咖啡因特别敏感的人群，对一般

大秦权•江山如画（周志新复刻自利永紫砂博物馆藏顾景舟制秦权壶、海派书画家陈佩秋绘）

人来说，喝茶的人则会有更好的睡眠质量体验。另一方面，科学研究表明用紫砂壶泡的茶，咖啡因含量相较传统泡制方法更低，可见紫砂与茶的完美配合放大了这一效果。

心情低落来点茶，温暖人心。这也是有科学依据的，研究表明，茶叶可以缓和过度兴奋的神经。经常喝茶的人在面对突发事件时会更加平和地去寻找解决方案。与不喝茶的人相比，每天喝三杯茶的人在抑郁情绪方面会降低 37% 左右。所以，我们也有“喝杯茶压压惊”的说法。

暑热上火来点绿茶，清热解毒。寒邪入体来点红茶，加上姜片红枣，祛寒除湿。这都是老祖宗的智慧总结。可见，茶就是这样一个最寻常不过又深深刻在中国人 DNA 中的东西，是华夏饮食和精神文化的缩影，而要泡上一壶茶，

宝菱套组
（复刻自利永紫砂博物馆藏顾景舟制宝菱套组）

泡制的茶具自然也深入到人们茶饮生活的方方面面。

随着茶文化的发展，紫砂壶的式样也在不断变化。作为一件实用器，起初紫砂壶多为老百姓日常使用，因此壶式较大，方便一家人喝水。在清末民初时，宜兴城乡茶馆林立，饮早茶是当地常见的风景，人们经常早晨三四点钟就起身上茶馆吃茶去。那时的农民经常早起提上一大壶茶水放在田边，作为劳作解渴之饮用。在这个时期，寿星壶、洋桶壶这样的大容量壶式颇受欢迎，把手也多为软提梁，方便提拿。

到了文人壶盛行的时代，紫砂与茶叶又是文人雅士交流的重要道具。久而久之，文人雅士的案头清供也纷纷出现了各种雅致的紫砂作品。到了民国时期，各种紫砂咖啡壶、蛐蛐罐、花盆充斥在人们生活的每个角落。继柴米油盐酱醋茶之后，紫砂也加入了人们日常生活的行列，成为传统中式生活中必不可少的一环。

二、茶与礼

茶一直以来与中国传统礼仪紧密相连，茶与礼相融合，是我国“礼”的一个重要特色。从家礼到婚礼甚至丧礼，茶礼贯穿了中国人从生到死的方方面面。

“奉茶明礼敬尊长”，是中国家庭茶礼的主要精神。旧时，大户人家的儿女清晨要向父母请早安，常由长兄、长姐代表儿女们向父母敬一杯新沏的香茶。新媳妇过门，第三天便开始早早起床，向公公、婆婆请安，请安时也首先捧上一杯新沏的香茶。

“以茶待客”是中国的普遍习俗。有人上门做客，泡上一杯茶是再寻常不过的礼节。讲究的人可以布开茶具用紫砂壶泡，挑选茶壶挑选茶叶，拿捏好水温，冲泡过程之中，天就聊了起来。最省事的，放上一撮茶叶冲上热水，也是一样的热情。但是，如果只倒热水，那这份热情和礼貌便是大大打了折扣。因此，教孩子懂礼貌，首先要他学会给家长敬茶，给来客端茶。所以也经常会有

洋桶烧水壶
（复刻自利永紫砂博物馆藏顾景舟制洋桶壶）

家人教育不懂事的耿直孩子，“怎么让你倒水，连茶叶都不拿？”这个时候，水就是茶，茶就是水。此时，茶更多的是一种必需的最基础的礼貌，而非单纯地请客人饮用解渴。

除了这样最基础的礼节，茶礼还被广泛运用在邻里交流间。《梦粱录》载：“杭城人皆笃高谊，若见外方人为人所欺，众必为之救解。或有新搬移来居止之人，则邻人争借动事，遗献汤茶，指引买卖之类，则见睦邻之义，又率钱物，安排酒食，以为之贺，谓之‘暖房’。朔望茶水往来，至于吉凶等事，不特庆吊之礼不废，甚者出力与之扶持，亦睦邻之道。不可不知。”这种以茶表示和睦、敬意的“送茶”之风，一直流传到现在。浙江杭州一带，每至立夏之日，家家户户要用隔年炭煮新茶，并且茶叶要从左邻右舍相互求取，配以各色细

称心如意套组（复刻自利永紫砂博物馆藏何心舟制马蹄尊）

果，赠送给亲朋好友，称之为“七家茶”。《中华全国风俗志》记载，江苏仪征地区，新年亲戚朋友前来拜年，主人肃请入座，然后献“果子茶”，茶罢方能进酒食。

这些汉族家庭的茶礼，也影响到少数民族。大理白族地区，几乎家家都有两种爱好：一是种花；二是烤茶、品茶。逢年过节，全家人一边赏花，一边品茶。有条件的人家，有专门饮茶的小花园，没有条件的，也要在庭院中、台阶上，栽些花木，摆几个盆景，伴花品茗是白族家庭茶会的突出特点。

除以茶表示礼敬外，婚俗之中茶礼更是不可或缺。婚嫁用茶的习俗古来有之，最早可以追溯到唐代，据史料记载，文成公主远嫁西藏时，茶就是作为陪嫁品首次进入西藏的。由此之后，茶叶就已成为传统婚俗中不可缺少的礼品了。大约从宋代开始，当时求婚要向女家送茶，称做“敲门”。媒人又称“提茶瓶人”。结婚前一日，女家要先到男家前去“挂帐”“铺房”，并送“茶酒利是”。宋代陆游在《老学庵笔记》中记载，湘西少数民族的未婚男女，经常相聚一起对歌，如遇上意中人时，男青年通常会含蓄地发出邀请：“小娘子，叶底花，无

未央　利永公司出品

事出来吃盏茶。”清代孔尚任《桃花扇》中也有：“花花彩轿门前挤，不少欠分毫茶礼。”

江苏旧时婚俗，茶在许多场合都是必备之物。男方对女家“下定”，又称“传红”。先由媒人用泥金全红送去女方年庚“八字”，男方则要送茶果金银。其中，茶叶要有数十瓶甚至上百瓶。迎亲之日，新郎见到岳公需饮茶三次，才能到岳母房中休息，等待新娘上轿，此谓“开门茶”。

茶之所以被婚嫁男女所青睐，是因为茶树为常青树，是至性不移之物。明代许次纾在《茶流考本》中说：“茶不移本，植必生子。”古人认为茶树只能从种子萌发成树，不能移植，故而历代都将“茶”视为“忠贞不渝”的象征。同时，因“茶性最洁”，可示爱情“冰清玉洁”；“茶树多籽”，象征子孙“绵延繁盛”；茶树又四季常青，生命期长，以茶行聘可寓意爱情“永世常青”、以祝福新人“白头偕老”。

因此，以茶为聘礼喻示人们对从一而终的幸福婚姻的向往和美好祝愿。现今，浙江、江苏、安徽等地区的男女青年订婚、受聘、婚宴等，仍离不开茶，

柱础

利永公司出品（复刻自利永紫砂博物馆藏何心舟制梅调鼎铭柱础壶）

潘壶 利永公司出品

分别称为定亲茶、受聘茶、新娘子茶、传茶等。在相亲的环节之后，茶也是必不可少的。在过去，男方随媒婆或父母到女方家提亲、相亲，女方的父母就习惯叫待字闺中的女儿端茶待客，茶杯斟满后，依辈分次序分送到男方亲客手中，由此拉开了“相亲”的序幕。男方家人乘机审察姑娘的相貌、言行、举止，姑娘也暗将未来夫君打量一番。

在这些婚俗中，最有趣的当推闽南和台湾。闽台婚姻礼仪总称为“三茶天礼”。“三茶”即订婚时的“下茶”，结婚时的“定茶”，同房合欢见面时的“合茶”。当男到女家“送定”（定亲）时，由待嫁女端甜茶（闽台民间叫“金枣茶”），请男方来客品尝。喝完甜茶，男方来客就用红纸包双数钱币回礼，这一礼物叫“压茶瓶”。到了娶亲这一天，男方的迎娶队伍未到女家，女家就要请吃“鸡蛋茶”（甜茶内置一个脱壳煮糖的鸡蛋）。男方婚宴后，新郎、新娘在媒婆或家人的陪伴下，捧上放有蜜饯、甜冬瓜条等“茶配”的茶盘，敬请来客，此礼叫“吃新娘茶”。来客吃完“新娘茶”要包红包置于茶杯为回礼。结婚的第二天，新婚夫妇合捧“金枣茶”（每一小杯加两粒蜜金枣），跪献长辈，这就是闽南、台湾民间著名的“拜茶”，也是茶礼在婚事中的高潮。倘若远离故乡的亲属

美人心　利永公司出品

长辈不能前往参加婚礼，新郎家就用红纸包茶叶，连同金枣一并寄上。

紫砂在婚嫁之中也占有重要地位。福建莆田等地在女儿出嫁时必以一“潘壶”为嫁妆，希望在夫家相夫教子，能像潘仕成（清中期后以官商巨富、雅士名流身份来宜兴订制茗壶的大收藏家）般享尽荣华富贵。并且，作为嫁妆的潘壶多要求为宜兴潘壶，绝少用土产的汕头壶。通常这种随嫁的“潘壶”并不一定用作泡茶，也有置于梳妆台装发油之用，且女主人百年之后，多作为陪葬物。

到了现代，还出现了用紫砂做成的传统嫁妆“六件套”，包括水桶、脚盆、拗手、马桶、吉祥如意、秤六件物体，个头比实际的物品小了不少，虽由紫砂制成但表面木质纹理清晰可见，秤砣上还有“15kg”的标记，做工精美、考究。

从家礼、待客礼到婚礼，茶礼涵盖了人生命中的各种大小场合。茶叶成为日常生活用品之后，慢慢被用诸或吸收到我国礼制包括丧礼之中。在丧事纪念

蝶恋花　利永公司出品

中用茶作祭品，最初创始于民间，后来慢慢被吸收到统治阶级的丧礼之中。

梁萧子显撰写的《南齐书·武帝本纪》载，永明十一年（493年）七月诏："我灵座上慎勿以牲为祭，唯设饼果、茶饮、干饭、酒脯而已，天上贵贱，咸同此制。"齐武帝萧赜，是南朝比较节俭的少数统治者之一。这里他遗嘱灵上唯设饼、茶一类为祭，是现存茶叶作祭的最早记载。

茶叶作为祭品，无论是尊天敬地或拜佛祭祖，比一般以茶为礼，要更虔诚、讲究一些。王室用于祭典的，全部是进贡的上好茶叶，就是一般寺庙中用于祭佛的，也都总是想法选留最好的茶叶。如《蛮瓯志》记称："《觉林院志》崇收茶三等：待客以惊雷荚，自奉以萱草带，供佛以紫茸香。盖最上以供佛，而最下以自奉也。"我国南方很多寺庙都种茶，所收茶叶一饷香客，二以供佛，三堪自用，一般都是作如上三用，但更倾心的，还是为敬佛之用。

火伴（直筒烧水壶）
利永公司出品

三、中式生活美学

中国人自古在美学领域里独领风骚，从绘画到诗歌无一不透露出中国人天生的浪漫主义色彩。中式美学应用于事物、人和天地，循环往复，无始无极。中式生活无疑是一个寻找美的过程。正如宗白华先生所说，“中国人于有限中见到无限，又于无限中回归有限。他的意趣不是一往不返，而是回旋往复的”。在中国文化中，喝茶是闲适的中式生活的重要体现。紫砂壶与茶的结合，符合了古代文人对惬意的中式生活的追求。

紫砂壶融诗、书、画、印为一体，自古以来便是文人雅趣的代表之一。它式度妍雅，材质温润类君子，非常符合中式文人雅士的审美观。圆器骨肉亭匀，珠圆玉润；方器轮廓分明，线面挺括；花器主次分明，视觉和谐；筋瓤器纹理清晰，口盖严密。这些造型或清秀飘逸，或古朴敦厚，或轻快明朗，或粗犷简雅；亦是温润如君子，豪迈如丈夫，风流如词客，丽娴如佳人，葆光如隐士，潇洒如少年，短小如侏儒，朴讷如仁人，飘逸如神仙子，廉洁如高士，脱尘如衲子……故而明人周高起在《阳羡茗壶系》称赞紫砂：“几案有一具，生人闲远之思。”一把精美的紫砂壶，置于案头，便是一件极美的艺术品。小小的一把壶，往往容纳了大智慧。它的小小身体里藏着无尽能量，并以一种优雅的艺术状态，从容而温和地融入日常生活中。紫砂本风雅，于中式设计雅室中氤氲出一片灼灼风华。

紫砂壶之美，除了常说的“泥、形、工、款、功”之外，还有其显露在外的特有的肌理线条和材质色泽美。紫砂壶在经年累月使用之后，会形成一种特有的“包浆”，而这种“包浆”就是材质色泽之美的表现。

实全实美　利永公司出品

包浆之为光泽，含蓄温润，幽幽的毫不张扬，予人一份淡淡的亲切，有如古之君子，谦谦和蔼，与其接触总能感觉到春风沐人，它符合一个儒者的学养。那恰恰是与刚出炉的新货那种浮躁的色调、干涩的肌理相对照的。紫砂壶有一种特殊的“包浆”。紫砂包浆的形成有两重原因：一重是壶表经茶水湿淋后，渗入壶表浸润泥料而形成；另一重是由壶的内壁吸入而渗透于壶表而形成。所谓“茶汤养壶”也就是这个原理。

另一方面，国人的生活美学之中讲求人与器的“互动”。紫砂包浆的形成正体现了这种互动的双重性。壶与人的成长相得益彰。我们在喝茶养壶的过程中，不仅身体受益，心情愉悦，更得到了一份内心的从容与淡泊。养好一把雅韵温润的美壶，需要的不仅是茶汤的浇养，还需要有一种为人处世的态度，态

般若　利永公司出品

度好了才能决定一把壶养护得当。在爱壶人眼里，一把好壶犹如一位知己。在长期的泡养涤拭中，从起初素雅光润的壶身，到包浆莹洁的过程中，人们不仅收获了满满的成就感，还能在抚摸壶身特有的肌肤触感时，得到心理的慰藉。它就像一位听你诉说烦闷的知己好友，悉心聆听。它能以一种亲和的触感与壶主进行身心交流，为茶人壶友放松紧张的情绪，带来快乐心情。人养壶一时，壶养人一世。以壶为友，人的性情可以得到陶冶，人品可以得到修炼；精神可以得到升华、心灵可以得到抚慰。

中式美学，不仅是一种审美意趣，更是一种生活方式。置于茶桌前，用紫砂壶沏泡一壶好茶，壶起水落，或独自品茗、或与三两好友闲谈交流，氤氲的茶香将人带入沉静的意境之中，引领人们寻找中式生活中的极致美感。

此乐提梁

顾景舟制

第二节　国人的精神寄托

人们喜欢聚在一起，泡壶好茶，吟诗作乐，茶成了人们交流的纽带、友谊的桥梁。嗜茶与品茶融入生活中的各个层面，尤其是社会交往方面。茶不仅是社会交往中不可或缺的饮品，更具有了象征意义，象征着人际交往高洁脱俗的“道义之交”。北宋司马光在《真率铭》中言：“吾斋之中，弗上虚礼。不迎客来，不送客去。宾主无间，坐列无序。真率为约，简素为具。有酒且酌，无酒则止。清茶一啜，好香一炷。闲谈古今，静习山水。不言是非，不论官事。行立坐卧，忘形适意。冷淡家风，林泉高致。道义之交，如斯而已。”

对国人而言，紫砂与茶不仅是物质世界的必需品，更多的是精神世界的必需品，是国人的精神寄托。

一、茶带来的精神升华

君子如竹，美人如花，我们喜欢用草木来表达美好，天人合一是我们的自然之道。茶是一个绿意盎然的字。那是浩荡天地中立着的一个人，负手而立，悲天悯人，与大自然惺惺相惜。正如王阳明所说：“风、雨、露、雷、日、月、星、禽、兽、草、木、山、川、土、石，与人原只一体。”茶，是清淡的，素雅的，富有哲学生命的，所以常有人说，饮茶如品人生。

唐朝诗人白居易是一个品茶行家。“食罢一觉睡，起来两瓯茶”、“无由持一碗，寄与爱茶人”、“命师相伴食，斋罢一瓯茶”……吃饭要喝茶、午睡醒来要喝茶、出去游玩更要喝茶，茶对于他已经是生活中不可或缺的一部分。茶伴随了白居易的一生，不仅激发他的文思，更在他最为坎坷落魄的时期，如一剂良药，给他带来了精神上的慰藉。唐元和十年，白居易被贬为江州司马，这是他一生中遭受到最大的一次政治打击。官途的失意，使得白居易开始借助佛法和茶来缓解内心的烦恼与忧愁。他不再执着欲望执念，年龄越大越习惯闲适的生活，再也不想做个忙人了。第二年，他更是在庐山香炉峰下建起了草堂并开垦

[明] 文徵明　松荫品茗图

了一块茶园，种茶、品茶。饮茶能使人保持清醒的头脑，淡泊心境。慢慢地，白居易也开始逐渐敞开了心胸，从容地面对生活的苦涩。

品茶，自宋代以来就和挂画、焚香、插花结合，成为文人书斋里或文会雅集中的时尚活动，“四般闲事”是富裕年代的文化品位。品啜一瓯好茶，赏玩手中茶器，茶席中谈论书画，即席挥毫，品鉴各类文玩，曾经是唐宋之后文人雅集中的常景，发展至今仍是好茶人士茶席中的活动，只是少了古人吟诗、赏画、观书的雅兴，多了茶、香、花的点缀。然而从未改变的是对茶器、茶味的讲究。

茶的味道苦涩，饮后能使人深思熟虑、开拓思维。所以，文人墨客们深深地爱上了它。饮茶的过程既是品味的过程，也是一个自我调节和修养的过程，它可以净化灵魂、安抚心灵。茶文化自唐朝兴起并得到较大的发展。唐朝以来，流传下来的茶文、茶诗、茶画、茶歌等。无论是从数量还是质量，从形式还是内容，都大大超过了唐以前的任何朝代。饮茶既是品味的过程，也是一个自我调节和修养的过程，是灵魂净化的过程。

宋代著名诗人杨万里辞官回

长亭　利永公司出品

家后，心情郁闷，与他相伴的除了读书写诗外，就是饮茶了。茶成了终日相伴的伴侣，不仅白天饮，就是夜里无眠也饮，越饮茶越睡不着觉，越失眠，越要饮茶，久而久之，就影响了身体健康。他的一首《武陵春》词中写道："旧赐龙团新作祟，频啜得中寒。瘦骨如柴痛又酸，儿信问平安。"尽管如此，他还是没有戒掉嗜茶的习惯。

如此情况下的杨万里依然嗜茶如命，可以看出，他饮茶绝不是为了解渴，而是壮志难酬下，寻求一种精神寄托。无论做什么都要像饮茶一样体会"味外之味"，苦中寻求甘甜，在瞬息万变且浮躁的社会中，寻求清澈、雅致的生存环境。

明清时期，对饮茶的艺术追求开始显现出来。明朝开始，人们在品茶时已经开始刻意地对自然美和环境美提出了明确的要求。其中的环境美包括品茗的人和外部环境。名人对饮茶人数有"一人得神，二人得趣，三人得味，七八人是名施茶"之说；而环境则追求在幽静的山林、广阔的田野、溪畔、泉边与鸟鸣、松涛、清风为伴。

明朝文震亨编写的《长物志》第十二卷中有"香茗"一节，便记载了明代茶人焚香伴饮的情趣六种：一是隐士谈玄悟道时，焚香品茗能清心悦神醒脑；二

扁腹　利永公司出品

是晨钟暮鼓令人伤感、兴致索然时，焚香品茗可使人心胸豁达，舒抑解郁；三是读书写字、吟诗咏文困倦之时，焚香品茗可以去困解乏；四是亲人团聚，儿女情长，焚香品茗有助于享受天伦之乐；五是雨天闭门在家，焚香品茗能解慰寂寥；六是宿醉或熬夜之后，焚香品茗能使人身心舒爽，润肺甘喉。

鲁迅先生在《喝茶》一文中写道，“有好茶，会喝好茶，是一种清福。不过要享这种清福，首先就必须有功夫，其次是练习出来的特别感觉”。鲁迅将饮茶上升到文化层面，认为茶是一道精神饮品。

品茗自古以来就被人们当作一种高雅的生活享受，品茗时既讲究烹煮的技艺和品饮的方式，更注重情趣和环境氛围，并以天然野趣为美。茶人往往置身于大自然的山谷水畔，天高地阔，景色秀丽，茶带给人们的是清新，是纯洁，内心的空灵与山水融为一体，天人合一，返璞归真。

茶是最平易近人的，也是最平易近心的。平日闲暇自个儿粗饮几杯，日常交心朋友推杯换盏，清茶的幽香落入谁的唇中，都是一场美丽的邂逅。细细品咂生活的味道，简化了生命里的一切繁琐。

今日饮茶风气普遍，且茶道文化趋于精致。人们不仅满足于茶汤之味美，更讲究饮茶的器用与环境，颇有重返文人品茶古风之势。现今，社会科技发达，

鱼化龙 利永公司出品

工作压力繁重，可借啜茗与赏器，培养雅趣，涤烦怡情，使身心得到休憩。

二、紫砂带来的精神慰藉

“人间珠宝何足取，岂如阳羡溪头一丸泥。”从审美角度看，紫砂壶是养眼、养心的艺术品。紫砂壶可以融诗、书、画、雕刻等于一体，从而提升其文化属性。诗词中有一种手法叫“托物言志”，许多文人墨客在写诗作画的过程中都会运用托物言志的手法。同样的自古以来，许多爱壶之人也会将自己的情感寄托于手中的砂壶，因而紫砂往往是技艺和精神的结合。

从文人壶的发展可以窥见，紫砂壶与官员名士的仕途常有紧密联系。不管是春风得意还是仕途受挫，以情寄紫砂最是常见。大名鼎鼎的陈曼生宰邑溧阳期间得有天时地利人和之便，能够充分延续他早年雅好砂壶的热情和意气，与当时的陶工、名流一同创作捏制欣赏，遂成壶艺发展的佳话。在溧阳任上该是陈曼生最为意气风发的一段人生纪念，曼生逸事于此也极矣。

另一位紫砂收藏名家吴大澂与紫砂的故事则恰好诠释了他的人生状态。在吴大澂仕途顺利，屡建奇功春风得意之时，曾留下“一瓯小试碧螺春”这样的壶铭。而在风光过后，仕途遭遇重大挫折，甚至革职留任的境地之时，依旧是

提壁提梁　顾景舟　制　利永紫砂博物馆藏

紫砂给了他生的希望。

而这一年，恰是黄玉麟受聘于大收藏家吴大澂府上为其仿古制作的时间。其缘由除了吴大澂自身对紫砂喜爱之外，或许还有这一年经历的影响所在。古有陶渊明隐居桃源、采菊东篱，还有李白游山访仙、痛饮狂歌，仕途不顺的文人墨客总是要找到发泄的途径，彼时的吴大澂或许只能寄情金石紫砂了。

到了现今，一代宗师顾景舟的创作不得不提。纵观顾景舟的壶上用印及所出现的艺名，无不反映出顾景舟各个历史时期的思想活动、艺术追求、抱负理想、心境爱好。从顾景舟的艺名随着时代的变化，如“曼晞陶艺”“武陵逸人”“荆南山樵”“荆山壶隐”等，可以看到顾景舟从艺历程中的曲折迂回，成艺过程中的心境意趣，而最终升华至一种回归的自然境地和自然心态；平衡的、坦然的、淡泊的、归宗的，犹如禅机、悟性，“正道”“得果”一般。

惠孟臣制　崇雅堂款　利永紫砂博物馆藏

1948年秋，在丰收季节，取得丰硕成果的顾景洲改名顾景舟。“景舟制陶”“景舟制壶”“景舟手制”，为顾景洲改名后所用印款。在这个“舟”字上，顾景舟曾解释道:“艺海一舟，即是把自己的命运随着艺海的一舟而搏击，永不停息，勇往直前！”

三、紫砂与茶的完美结合成为一种精神寄托

唐及五代时期的饮茶方式都以煎茶法为主，宋元时期以点茶法为主，泡茶法虽然在唐代时已经出现，但始终没有大范围普及，直到明清时期才开始流行，并逐渐替代煎茶法和点茶法。所谓泡茶法，是将茶叶放在茶壶或茶盏之中，以沸水冲泡后直接饮用或用小杯分饮的方式。明清之后，泡茶成为饮茶的主流方式，使得茶壶跃升为茶器中的新宠。古人品茗讲究环境气氛，苍松树荫、小桥流水，三五好友品茗闲谈，吟诗作画，这般怡情雅兴，在历代茶诗、

四方传炉（复刻自利永紫砂博物馆藏俞国良制传炉）

茶画中处处可见，这股品茶赏器的雅兴传统也一直延续至今。

大量的文史资料告诉我们：许许多多的文人墨客，如苏东坡、郑板桥、李笠翁、董其昌等，都是爱茶之人；许许多多的达官政要，如乾隆皇帝、两江总督张之洞、国民政府主席林森、考试院长于右任等，也都是爱壶之人。这类人可谓是“比比皆是，不胜枚举”。

紫砂壶的适茶性从古到今已从多方面得到论证。古往今来如郑板桥、张岱、李渔等无数文人墨客都对宜兴紫砂壶情有独钟，除了陶醉于其拙朴敦厚的美感，也由于紫砂壶沏出的茶的香更浓、味更醇，能将茶叶的魅力发挥得炉火纯青。

在漫长的岁月之中，茶事经历了秦汉的启蒙、魏晋南北朝的萌芽、唐代的确立、宋代的兴盛乃至明清的普及。与许多情侣一样，茶与紫砂器，经过了相知相遇、生活磨合，才有了如今的相知相守。

第三节　对“道”之境界追求的手段

道，是国人非常熟悉的一个字。它是一个会意字，在金文的形体之中，它的两侧是个“行”，表示十字路口，中间是个“人”。《说文》：“道，所行道也。”因此，它的本义是“路”，从中引申出来的意思便是“规律”。（《荀子·天论》：“循道而不贰。”）可以说，这样一个道字，一直以来都是与汉字同在，与中华文明同在。它是我们认识自然并为己用的一个名词。从广义的概念来看，道是指宇宙万物内在的普遍自然规律，和老庄所说的哲理性的自然之道相近。

一、对“道”的境界的追求

自古以来，人们对道的追求从未停止过。前有老庄后有董其昌、金圣叹，漫漫历史长河之中，有的人求得道的境界，有的人宣称悟得真谛，有的人惶惶终老难寻真相……

因此，要追寻道的境界，必须将求道的方法落实在具体的行为之中。道生一，一生二，二生三，三生万物。归本求源，寻道的起始自然是万物。

1. 目的不同　手段不同

每个人追求道的境界目的不一样，根据其目的，每个人具体的手段也是不同的。有的人求道是为了长生。譬如马王堆汉墓发现《导引图》，以图画的形式记录了当时人们通过健身运动保持长寿的状态，又譬如炼丹、气功等都是由求长生而发展出来的。有的人求道是为了求得一个自然规律。譬如格物致知的王阳明，在龙场那既安静又困难的环境里，结合历年来的遭遇，日夜反省，突然顿悟，成就了历史上著名的“龙场悟道”。

因此，目的不同，手段也不同。不管是炼丹、苦行，还是闭关、格物，人们总是在摸索大道的途中根据当时当下的理解去设定一套具体的求道方案并持之以恒，最终达到道的境界。

2. 由艺臻道

在这求道的万般途径之中，由艺臻道可以说是一个最大众化的方法。

《易·系辞》:“形而上者谓之道，形而下者谓之器。”这其中可见，“道”是形而上之学，“器”是形而下之学，也就是日常生活中可操作的、看得见、听得见、摸得着的有形有象的所有的方面。所以“道”这个层面的东西看不见、摸不着，“艺”这个层面的东西是可见、可操作的。

另一方面，高深莫测的哲学在面对群体时，必须使它们通俗化和简单化，也就是“艺”。不论是《礼记》中的礼、乐、射、御、书、数，还是文艺中的琴棋书画花香茶，作为艺的层面都能在不同感官领域给人以刺激与影响。人们在艺的层面的感官享受得到满足之后，自然而然慢慢可以上升到道的境界。

二、紫砂与茶是至简至深的求道方式

中国历代社会名流、文人骚客、商贾官吏、佛道人士都以崇茶为荣。譬如著名的茶饮爱好者宋徽宗赵佶，他认为茶的品味芬芳，能使人闲和宁静。(“至若茶之为物，擅瓯闽之秀气，钟山川之灵禀，祛襟涤滞，致清导和，则非庸人孺子可得知矣。中澹闲洁，韵高致静……”)

在茶事活动中，茶人融入哲理、伦理、道德，通过品茗来修身养性、品味人生，达到精神上的享受。正如吴觉农先生所说，茶道是“把茶视为珍贵、高尚的饮料，饮茶是一种精神上的享受，是一种艺术，或是一种修身养性的手段”。

茶道是构筑在特定的客观事物上的茶人的观念，它既是茶人的认识论，也是茶人的方法论与世界观。从广义来讲，“茶道”是人类发现并利用茶叶后逐步发展起来的各种茶叶制作工艺以及利用与其茶品相应的食茶、饮茶方法进行养生并冶炼情性的观念方法的集合；从狭义而言，“茶道”就是饮茶人在特定的时空环境借喝茶之事修身养性以完善人格的方法论以及由此折射出来的价值观。

“七艺一心”的理论认为，中国茶道包含茶艺、茶德、茶礼、茶理、茶情、茶学说、茶道引导七种义理，中国茶道精神的核心是“和”。中国茶道就是通过茶，引导个体在美的享受过程中走向完成品格修养以实现全人类和谐安乐之道。

其中，紫砂与茶是中国茶道的重要组成部分，以紫砂器泡茶是中国茶道的一个独特标志。紫砂作为一件日常实用器，与其他同类型器具相比，有着无可比拟的灵性天赋。其外延与内涵相互配合、相得益彰，很好地实现了求道的境界。也就是人们常说的“质胜文则野，文胜质则史，文质彬彬，然后君子”。

紫砂与茶的组合不仅以深远的哲理为思想背景，更在多方体现儒家中庸之

鸣远扇形 利永公司出品

温、良、恭、俭、让的精神，以及道家阴阳调和的先天真性。说它至简，不过是沏茶、倒水的寻常动作；说它至深，其内涵却是“清静、恬淡”的东方哲学思想与儒释道的“内省修行”思想。因此，以紫砂入茶道去探寻道的境界，正是至简得至深。

对紫砂器制作者来说，紫砂器的最高境界与石涛所述“不见技巧的技巧是最大的技巧”及“无法而法，乃为至法”有异曲同工之妙。“技”是紫砂壶的基础，“道”是紫砂壶的灵魂。没有“技”，“道”无从体现；没有“道”，“技”只能是一种技能，无从升华。袁枚在《续诗品注》中提到，“意似主人，辞如奴婢”，类似的说法还有王羲之《题卫夫人笔阵图后》中的“意在笔先”。这些都说明艺术作品之中意境与神韵的重要性。紫砂作品的主题、题材、情节、细节都是作品内容的具体方面，而作品形式主要包括艺术语言、艺术技法和结构。形式永远是内容的从属，为屈从一种形式而创造出来的内容是苍白无力的。所谓意境和空灵的意蕴都是指艺术作品中蕴含的人生哲理、诗情画意和精神内涵。因此，作品不该一味地炫耀技巧形式，形式表现上的种种技巧，应当与“道”统一。紫砂艺人常说的“紫砂的语言”，就是在这样的过程之中被诠释以及传达的。

另一方面，不论是对紫砂器的制作者还是使用者来说，紫砂，尤其是优秀的紫砂作品，在更大层面上已经是一种灵性的物化。灵性物化的问题最早从庄子就已经开始进行艰难的形上探索。《庄子·齐物论》有言：“昔者庄周梦为蝴蝶，栩栩然蝴蝶也。自喻适志与！不知周也。俄然觉，则蘧蘧然周也。不知周之梦为蝴蝶与？蝴蝶之梦为周与？周与蝴蝶，则必有分矣。此之谓物化。”

一件好的紫砂作品，必然是集作者思想、技艺于一体的，因此是紫砂艺人对道的灵性理解的一种物化形式。正如金圣叹所言：“心之所至手亦至焉者，文章之圣境也；心之所不至手亦至焉者，文章之神境也；心之所不至手亦不至焉者，文章之化境也。”诉诸紫砂亦是相通。

紫砂艺术创作的最高境界“化境”，也是化我心于物心的境界，主体完全沉浸于物中，从“心之所至”达到“心之所不至”。生和死、醒与梦，以及一切事物间的差别都是相对的。因为它们都是由“道”变化出来的不同物象，所以在根本上是完全一致的。

其中，文人壶对整个紫砂壶道的发展功不可没。文人以其独到学识与哲学领悟，时常在各个领域将艺上升到道的层面。南京博物院研究员、南京艺术学院客座教授霍华在《试论古陶瓷视角下全手工砂壶的意象》一文中用庞朴先生的三分法来讲述了紫砂道、器、象的辩证关系。他认为，紫砂题材象征古代文人的高尚情操的寓意是道，而紫砂器和道的联系物是意象，它是对紫砂的审美过程中显现的另外一种质，是紫砂器与道的统一。紫砂的意象存在于作者的制作、紫砂器本身、紫砂壶的欣赏者和使用者的审美传达之中。对紫砂及其制作越了解，自身的文化综合素养越高，意象的深度便越深，离道的境界便越近。

另一方面，以紫砂入茶道对茶人来说，是一种境界的创造。在中国文化中，意境指的是心灵时空的存在与运动，其范围广阔无涯，与中国人的整个哲学意识相联系，在此之上的升华便是道的境界。

众所周知，紫砂壶泡茶的方式是在明代罢龙团凤饼、兴散茶之后，随着泡茶方式的变化而产生发展起来的。直到今天，紫砂壶之所以能够登上茶艺舞台并且长盛不衰，这不仅有紫砂材质的宜茶性因素，更是因为紫砂器质朴温润的材质特征。作为茶道的具象化或者说载体，茶具寄托了饮茶人的追求，而“紫砂”更是其中的典型代表。在整个泡茶过程中，“文质彬彬”有君子气度的紫砂，在意境创造方面发挥出巨大的优越性。以紫砂入茶道，以茶清心，以壶为镜，品茶内省，正是人们在对道的境界的追求中一种必需的经历。

汉宫•秋　利永公司出品

题记

秦权•行空　利永公司出品

宜兴山好水好，紫砂更好。有《阳羡朱砂记》云：“阳羡堪称绝者，紫砂也。紫砂者，土器也。土分五色，紫、黄、皂、绿、朱，呈富贵之态；器成方圆，千形万状，合天地之姿。”时至当代，宜兴紫砂更是声名鹊起，享誉海内海外。尤其是在中华大地，亿万人民在分享四十年改革开放红利的同时，对紫砂的喜爱也快速升温。从南到北、从西到东，可以说是“妇孺皆知紫砂好，家喻户晓宜兴陶”，无不为能够拥有一把紫砂茶壶而心满意得。

既然都说紫砂好，紫砂到底好在哪里呢？有的说，紫砂好在它的造型；有的说，紫砂好在它的装饰；也有的说，紫砂好在它的日用功能。当然这些都是紫砂的特色，自然无可厚非。而紫砂真正的好，是好在了上天赐予宜兴的得天独厚的紫砂泥，这才是宜兴紫砂之所以卓越绝伦的根本所在。如果离开了紫砂泥谈紫砂，就成了无源之水、无本之木。我们若想弄懂紫砂，首先必须了解紫砂泥。

第三章 世间茶具称为首

第一节　紫砂泥的独特性

所谓紫砂，就是宜兴丁蜀一带用当地的一种特殊的陶土制作的、历经千百年传承的、以一种约定俗成的造型工艺、装饰工艺、烧成工艺所组成的规范形式。它的器型主要是以泡茶的茶壶为主的一种日用工艺品。它真正的可贵在于独特性能的紫砂泥料，并由它带给宜兴紫砂在中国陶瓷乃至世界陶瓷中的独特地位。

所谓紫砂泥，就是产于宜兴市丁蜀镇黄龙山体内及周边的一种在物理上含有砂性和可塑性，在化学上富含铁元素的黏土矿体。

紫砂泥到底有哪些优越的特性？我们可以从这几个方面来了解和认识。

一、紫砂泥的偶然发现

紫砂泥最早的发现如同古埃及人发明玻璃的传说一样离奇。宜兴陶瓷虽然有着数千年的历史，宜兴陶和阳羡茶早在唐宋时期就有文人骚客赞美吟诵。但现代意义上的紫砂壶出现得较晚，因为早期的宜兴陶工只用以嫩泥为主的陶土（一种普通的陶土，烧结后呈土红色）烧造陶器，因而颜色十分单调，质感平平。古人所谓“名山未凿，陶瓯无五彩之文”。

最早发现紫砂泥的据传是一个和尚。这和尚性情古怪，行为乖张，因不是在宜兴本地出家，是个游方僧人，身份姓名没有留下记载，所以民间传说一直称为“异僧”。据说，一日异僧行经丁蜀两山村落，向村人高呼“卖富贵土！”大家以为这是僧人用癫话诓人，纷纷嗤笑他。僧人不以为怪，又高呼“贵不欲买，买富如何？”于是引导村叟跟他上山，指点黄龙山中隐藏着一种使人享用不尽的富贵土，言毕而去。村人发掘，果然挖得一种五彩缤纷的宝土——红的、黄的、绿的、青的、紫的，灿烂光亮，奇丽至极。自此以后，村民们都来砠白宕，凿黄龙，挖掘这山间的“富贵土”，烧造出了真正的紫砂壶。

传说虽不足信，但紫砂泥确实得到了山川的灵气，是宜兴得天独厚的特种矿产，也是中国罕有的天然资源。虽说在国内的安徽寿山、山东博山、陕西的

露天开采紫砂矿留下的矿坑

陕北、广东的潮汕，也有类似的泥料出产，而究其成分，则判若霄壤。不论是色泽的美茂朴实，还是颗粒的圆润饱满、胎体的干爽透气，或是质地的经久耐用，只有宜兴紫砂泥最为独到。

二、紫砂泥结构的奇特

简单来说，紫砂泥的矿物成分主要由黏土、褐铁矿（赤铁矿、菱铁矿）、白云母三部分组成。

紫砂泥与甲泥是共生矿体，本属一家。所谓甲泥，就是夹于地层之中，受地壳运动变化及地层的断裂、挤压，呈坚硬的块状，颜色灰褐略紫，好像铁甲一样而得名。而紫砂泥又是夹藏于甲泥之中，因此被称为“岩中泥”“泥中泥”，甚为稀有。每百斤甲泥中只能选得 3 ～ 5 斤紫砂泥。

20世纪90年代末黄龙山矿区机械开采现场

紫砂泥的结构，相较于其他黏土，甚为奇特，它的分子呈双向排列。据X光电镜衍射扫描分析显示：

1. 黄龙山五号井（同四号井）紫砂泥，为暗红色含铁粉砂质黏土，以黏土矿物为主，含量占70%，碎屑矿物含量占23%。

黏土矿物以伊利石、高岭石为主。伊利石是鳞片状，平行双向排列。高岭石呈微粒状排列。

碎屑矿物以石英为主，呈次棱角状，粒径0.04～0.08mm。次为白云母，含量占11%，鳞片状态。

副矿物有：磷灰石、锆石、电气石、榍石、长石等。

杂质矿物有：褐铁矿、赤铁矿和菱铁矿等。

2. 宜兴紫砂工艺厂熟泥，呈暗紫红色，以黏土矿为主，含量85%。次为石英砂粉及铁质，含量15%。

黏土矿物以伊利石、高岭石为主。伊利石呈鳞片状，高岭石呈微粒状集合体。

碎屑矿物以石英为主，含量占8%，呈次棱角状至滚圆。粒径0.03～0.13mm，并含硅质岩屑和微量云母。硅质岩屑点粒径0.07～0.25mm。白云母呈鳞片状，长0.04～0.13mm。

副矿物有：磷灰石、电气石、锆石、褐铁矿、赤铁矿、菱铁矿，铁质总含量占5%～7%。

紫砂泥烧结后的器物，表面光挺平整之中隐含颗粒状的变化，显现出一种砂质效果，所以称之为紫砂、紫砂器或紫砂陶，是中国特有的陶器。

3. 紫砂泥丰富的色彩

紫砂的质性特殊。它粘中含砂，柔中见刚，刚柔相济，且又色彩丰富。我们说的紫砂，只是一个统称，因为在整个紫砂泥中，紫泥所占矿量最大，也是制作紫砂壶的主要原材料。其次，紫砂泥富有多种颜色。当初受异僧启发，村民的一锄头就挖出了几种泥色。所以，紫砂泥除了紫泥外，还有奶白色的白泥、乳黄色的段泥、嫩红色的红泥、猩红色的朱泥等，不一而足。因其色彩斑斓离奇，被誉为“五色土”。

紫砂泥的原矿，按表面的形态和颜色看，有多种俗称。如“红皮龙”“白麻子”“紫乌块”“黑墩头”“牛腿筋”“鸡眼紫”。段泥有“淡黄”“米黄”“深黄”“棕黄”。绿泥表面淡绿如玉如脂。红泥有的是淡草黄，有的是淡红色。朱泥则是淡青黄。

紫砂矿层结构

紫砂泥经烧成后的颜色看，梨皮泥，烧成后呈冻梨色；淡红泥烧成后呈松花色；淡黄泥烧成后呈碧绿色；密口泥烧成后呈轻赭色；绿泥烧成后呈米黄色，紫泥烧成后呈棕色，从浅棕到深棕都会出现。“底槽清”是紫泥中的上品，烧成后紫色里泛出淡红，近乎新鲜的猪肝色。而且，紫砂泥随着烧成温度的变化，在上限不烧焦、不起泡，下限不吐黑的温度范围内，颜色也随着温度的变化而变化。即使同一种泥料，也可以烧出好几种颜色。若巧遇窑温气氛的特殊变化，还会有难得一见的出其不意的效果，可奉为孤品。

紫砂泥虽然号称“五色土”，这只是一个概论。其实它的颜色可以不断变化，很像我们搞美术的“三原色”，可以变化出无数的色彩。紫砂泥入窑烧炼的耐火度较高，但不易变形而容易变色，其颜色可以有几十种。主要的有海棠红、朱砂紫、葵花黄、墨绿、白砂、淡墨、沉香、水碧、冷金、闪色、葡萄紫、石榴皮、黎皮、豆青、新铜绿、琅轩翠等。其中最好的就是紫色。如果紫色的陶器用“捂灰”的方法再入窑烧炼，可以变成青黑色，着实的古雅可爱。

紫砂泥的主要物理指标（%）

液限	塑限	可塑指数	粘接率	干燥收缩	烧结温度	吸水率	气孔率	体积密度	烧成收缩	烧后呈色	烧失率
25.16	14.69	10.47	1340~1794	4.99	1190~1270℃	5.29	12	2.28 g/cm^3	5.52	深棕色	7.81

紫砂泥的主要化学成分（%）

SiO_2	Al_2O_3	Fe_2O_3	CaO	MgO	K_2O	Na_2O	TiO_2
65.22	23.14	9.18	0.53	0.43	1.48	0.20	0.94

紫砂泥的微量元素含量（%）

Zr	Cr	Mn	Ni	Co	Cn	Pb	Ba	Y	Yb	Sc	Ga
0.03	0.02	0.04	0.004	0.003	0.003	0.002	0.05	0.004	0.004	0.002	0.03

这些多种多样的色彩，全部都是依赖泥料的天然本色。艺人们还可以利用不同的泥料调制配合，使其在烧炼过程中发生种种物理或化学变化，而衍生出新的色彩，即前人所谓的“种种变异，妙出心裁”。

紫砂泥丰富多彩的颜色，不光一种颜色可以独立成器，所以，同样一款茶壶，可以有不同的颜色。还可以多样颜色用在同一壶上。这种手法，一般用于制作紫砂花器上，使用最为缤纷多姿的是以蒋蓉大师为代表的象形花器上。有时在一把壶上可以用到十多种颜色，而且都能恰到好处，栩栩如生。所以人们常形容宜兴紫砂“壶无完式，器不一色”，主要说的就是壶形的多样化、色彩的多变化。神奇的紫砂，就这样造就了宜兴紫砂缤纷的百花园。

紫泥　　红泥　　绿泥

4. 紫砂泥的可塑性

千和丹砂百练陶。紫砂泥要成为紫砂陶，要经过矿料精选、精练，并精心成型，然后在1000多度的高温中烧炼成陶，将泥巴蜕变成为真正的紫砂陶。

紫砂泥深藏于岩层之中，杂于甲泥之中。出矿时呈石质块状，经过摊场、日晒分化，成为方形豆状颗粒，再经研磨，通过每平方厘米400个孔眼的罗绢钢丝筛，筛下粉末，加15%的水拌成“生泥块”。生泥块再经过多次捶打，使泥压缩紧密，挤掉里面的空气，增加泥料的黏性和韧性，就成了可以用来制坯的紫砂泥。

紫砂陶的制作成型一般都用手工操作的。由于紫砂泥对温度、湿度非常敏感，在缺乏经验的人手里，三捏两弄，不是涣散，就是硬化。所以掌握泥料的燥烂至关重要，这需要熟练的技术和丰富的经验。

紫砂泥制坯成型时，首先要把锤炼成熟的紫砂泥料捶成泥片，然后根据作品的大小，切成各种规格，循序而作。如做茶壶，应先做壶身，按上底口，然后再接上壶颈、壶嘴、壶把、壶盖、壶钮等附件。俟坯件阴干后，再进行精工细作，或浮雕或贴画加工，直到作品达到预期的理想要求。

得益于紫砂泥的可塑性和天然色彩，看似简简单单的一团团紫砂泥，就会变成形形色色的美妙用具。明明是茶壶和茶杯，可在外表却像牡丹、莲花、竹节松段，或是飞禽走兽，殊形诡制，种种不一。

紫砂泥的可塑性，还有一个真实的故事可以得到佐证。现在宜兴陶瓷博物馆内的顾景舟紫砂艺术馆中陈列着一把景舟大师生前已经搁置了好多年的原坯壶身，直到他离世都未成壶。后由其徒弟配嘴、把等，了结了顾老生前遗愿。此壶自起壶身至完工历经了16年。然坯体在套缸湿润的环境里竟然没有涣散渣化，也没干硬僵化，真是奇妙。

第二节　紫砂茶具的独特性

一、紫砂壶泡茶的优越性

紫砂陶是陶器的一种，归属于炻器类。坯质致密坚硬，取天然泥色。烧成温度在 1100 ～ 1200℃。无吸水性，音粗而韵长。

紫砂陶，简称紫砂。在古今中外的文献记载上，对紫砂茶具的称呼有许多名字，如“茗壶”“注春”“茶瓶”“瓦壶”“泥壶”、“砂罂”“紫砂罐”“茶注”“砂壶”“宜壶”“紫沙器”等，虽然名号不一，但都专指宜兴紫砂茶具。

紫砂茶具，造型简练、大方，色彩纯朴古雅，它兼具日用和艺术的双重特性。它还具有泡茶不走味，贮茶不变色，盛夏茶水不易馊的特殊功能。而且使用的年代愈久，器身色泽就愈光润古雅，泡出的茶也愈是醇香芳馨，甚至空壶注水都会有股淡淡的茶香味。所以，寸柄之壶，盈握之杯，往往被人珍同拱璧，贵如珠玉。宜兴紫砂，自明代以后，被公推为“世间茶具称为首”，得到了大家高度的评价。

依据科学分析，紫砂陶的物理化学性质决定了紫砂壶确有保味功能。它能吸收茶汁，耐寒耐热。紫砂是介于陶和瓷之间的精细炻器，表里都不施釉。由于它内部的分子结构呈双向排列，所以既有一定的机械强度，又有一定的气孔率，因而盛茶既不会渗漏，还会有一定的透气性。

概括地说，紫砂壶与其他任何材质的茶具相比，具有较大的优越性：

第一，紫砂陶是从砂质黏土中锤炼出来的，其透而不漏的特性，在泡茶时，既不夺香，又无熟汤气，所以茶水不失原味，色、香、味俱全。

第二，紫砂壶能吸收茶汁，长久使用能长“茶锈”，因而，即使空壶注入沸水也有茶香。

第三，紫砂壶虽不施釉，但也容易洗涤。茶壶如果日久不用，难免异味。但只要泡烫两三遍，内积“茶锈”不用去除，浸没在冷水中，然后取出，继续泡茶，原味不变。

原矿紫砂泥炼制流程

第四，冷热急变性能好。寒冬腊月，注入沸水，不因温度激变而容易胀裂，而且砂质传热缓慢，把握拿握不会炙手。

第五，紫砂陶质耐烧，冬天置于火炉炖茶，壶也不会爆裂。现在市场上，更有紫砂陶质的煮茶壶、炖茶器出售。

由于紫砂陶的物理性能好，它不仅适用于泡茶、盛茶，而且用在紫砂花盆栽培花木上，也具有成活率高、不易烂根、长势茂盛和落叶较迟的优点，所以好多高档盆景都用紫砂花盆栽培、展示。

从历史上看，虽然早在西汉就有茶具。王褒所著的《僮约》一书中，就有“武都买菜，杨氏担荷”和“烹茶尽具，铺以盖藏”的记载。在古代，茶具种类较为丰富，尤其在茶具材质的使用上，除了金属和普通陶瓷茶具外，还有漆器、玉器、水晶、玛瑙等。但自明代宜兴的紫砂茶具问世后，大家趋之若鹜，独宠一家。直到现今，紫砂茶具还是让大家爱得不亦乐乎。

海棠干泡台　利永公司出品

大竹节快客杯　利永公司出品

二、紫砂壶里的人文情怀

紫砂陶是裸胎艺术，不需要施釉。因为，茶壶长久使用，经茶水浸泡和用壶者轻摸按摩，表面会形成“色浆”，如古玉一般，温润古雅，令人赏心悦目。

由于紫砂陶具有那么多的优越特性，一经问世，就得到了文人士大夫的喜爱，并逐渐将宜兴紫砂引向了文化和艺术的方向。文人士大夫参与紫砂，不仅对造型品头论足，而且用自己的拿手好戏，在紫砂陶上以书画雕刻来寄托自己的精神情怀。此种状况，始自晚明而盛于清嘉庆以后，并逐步成为紫砂工艺中所独具的艺术装饰。及至现代，镌刻于紫砂壶上的心语、感悟更是举不胜举，无不以寄托自己的性情、情怀或是对人生的希冀。

题记

八卦束竹壶（复刻自利永紫砂博物馆藏清万泉款八卦束竹壶）

“水为茶之母，器为茶之父”，器具也是泡得一杯好茶不可或缺的因素。与茶叶适配的好的茶器不仅能给人视觉上的享受，更能更好地激发茶性。如何泡出一款好茶，如何把茶叶的特质最大限度地展现出来，这是许多茶人毕生的追求。

在本章中，我们着重从科学和感官两个角度解析器与茶的配对问题。紫砂壶因茶而生，它的造型、材质都会影响茶汤的呈现效果。紫砂壶与茶之间的适配性应当考虑茶叶的形态、泥料、器型等因素。在泡茶过程中，泡茶者需要根据茶的特性、泡茶人数和泡茶次数来选择合适的壶型和茶叶品种。

此外，泡茶者的经验和感官敏锐度也对泡出一杯好茶至关重要。泡茶不仅需要了解茶和器的科学逻辑，还需要在泡茶过程中发挥自己的创造力和审美情趣。紫砂壶在泡茶过程中不仅是一种实用工具，还是一种陶冶情操的生活情趣。通过泡茶和养壶，人们可以在繁忙的生活中找到一种宁静和慰藉。在这个过程中，人、器、茶之间形成了一种良性循环，使得泡茶成为一种生活美学。

第四章

器与茶的完美结合

荷叶青蛙

蒋蓉 制

第一节　器与茶的逻辑关系

紫砂，因茶生、因茶兴，它是为茶服务的。所以，一把好壶首先应当是适茶的。紫砂材质的适茶性自不必赘言，在材质以外，器型的高矮胖瘦、壶嘴的粗细长短曲直、壶口的大小等都对茶汤的呈现产生或大或小的影响。我们常说一壶事一茶，其实并不仅仅是从养壶的角度来考虑。一壶事一茶，“事”的是与它最契合的茶叶品种。这一壶不管是从泥料，还是器型都能最大限度地发挥出这种茶的优势，这一壶与一茶便成为互相之间的独一无二。既是如此，便也不会再用这壶去泡别的茶。

壶是依托茶而生存的。在泡好茶之前，我们需要充分了解茶的形态以及它的物质结构比例。茶叶的形态多种多样，最初，茶叶在士族、皇室之间流行，以龙团凤饼为主导，到了明朝朱元璋废龙团凤饼改散茶，如今饼茶、散茶、碎茶各有市场。就冲泡而言，同一款茶在块状、散状、碎状这样外形之下，其香气、滋味、色泽各有不同，与泥料、器型的匹配以及出汤的时长也各有区别，这点在此后的章节会作细讲。

除了茶叶的外形以外，影响茶汤的香气、滋味、色泽最大的是其内含物质。茶汤呈现出的独特滋味是由各种内含物质相互协调、彼此配合形成的综合效果。

茶多酚

茶多酚是茶叶中多酚类及其衍生物的总称，鲜叶中多酚类的含量一般在18%～36%（干重）；其中以儿茶素为主体的成分占多酚总量的70%～80%，是茶叶保健功能的首要成分，对茶叶色香味品质非常重要。多酚类物质的滋味特征是“苦涩”和“收敛”，不同儿茶素单体滋味也有所不同，简单儿茶素收敛性较弱，复杂儿茶素收敛性较强，在高含量下有苦味。茶多酚中的黄酮及黄酮苷类物质与绿茶茶汤的关系比较大。其在茶叶中含量比较低，因此在茶汤呈味中作用的相关研究不是很多，有研究表明，黄酮醇苷在红茶中呈柔和感涩味（干燥的口感），且阈值很低，是红茶中的主要涩味物质（而非儿茶素、茶黄素和茶红素），且其虽无苦味，但会对茶汤中咖啡碱的苦味有增强的作用。

小红　利永公司出品

氨基酸

氨基酸是茶叶中的主要化学成分之一，是组成蛋白质的基本单位也是活性肽和酶等一些生物活性分子的重要组成成分。茶叶氨基酸以茶氨酸的含量最高，占茶叶氨基酸总量的60%。氨基酸类物质的滋味特征是“鲜爽”，茶氨酸更是有鲜甜味和焦糖香，在茶汤中能够缓解茶的苦涩味，增强鲜甜感，通常作为品质的重要评价因子之一。

思婷 利永公司出品

咖啡碱

在茶叶的生物碱中咖啡碱的含量最多，一般在2%～5%，是茶叶重要的滋味物质，具苦味，和茶黄素、茶红素形成的复合物具有鲜爽味。

可溶性糖

茶叶中的可溶性糖占茶鲜叶干物质重的1%～2%，单糖和多糖是构成茶叶可溶性糖的主要成分，其在茶汤中的滋味特征是“甜醇”。

香气

香气是茶叶风味品质的重要属性，茶叶的芳香物质包括醇类、醛类、酯类、酮类、烷类等十余种类型的芳香物质，随着品种、生长环境、加工工艺等条件，茶叶香气组成和含量亦不同。

影响色泽的主要元素是茶内含有的黄铜、叶绿素、茶黄素等，根据其溶解性能的不同可以分为水溶性色素和脂溶性色素两大类，其中水溶性色素是茶汤颜色的主体，脂溶性色素影响的主要是干茶和茶底的颜色。此外茶汤中的可溶性蛋白也会对茶汤有一定的影响。

可见一杯色香味俱全的好茶，是诸多元素共同作用的结果。其中的种种元素哪些应当被抑制，哪些应当被最大程度的诱发，如何诱发，其实有一个科学的逻辑。因此，一个优秀的茶艺师实际上对化学也是要非常了解的。

为了更加直观地呈现这些区别，通过对茶汤成分的客观分析去寻找一个科学的配对方式，本书邀请了浙江大学茶学专业团队以严谨的科学实验为茶与器的搭配提供指导。本次实验在六大茶类中分别选出西湖龙井、滇红、白牡丹、铁观音、普洱（熟茶）、莫干黄茶共 6 个茶样作为代表，分别使用紫泥、红泥、段泥三种泥料的紫砂壶冲泡。茶汤分别浸泡 1 分钟、3 分钟、5 分钟，使用 UV759S 紫外可见分光光度计、HH-6 数显恒温水浴锅、岛津 LC-2010HT 液相色谱仪、GCMS-QP2010SE 气相色谱—质谱联用仪等先进设备对茶汤中水浸出物率、可溶性蛋白质含量、游离氨基酸含量、可溶性糖含量、茶多酚含量、咖啡因含量、简单儿茶素含量、酯型儿茶素含量、黄酮总量等进行分析对比，并利用 SPME-GC-MS 检测香气。

在感官审评方面，由浙江大学茶学系的8名师生采用国家标准的审评专用杯碗，准确称取5.6g茶样，按1 ： 50的茶水比在三种不同泥料的壶（红泥、紫泥、段泥）进行冲泡，冲泡三次（第一次浸泡1min出汤，待壶冷却至室温后冲泡第二次，第二次2min出汤；待壶冷却至室温后冲泡第三次，第三次2min出汤）。将茶汤倒入审评碗中，看汤色、闻香气，然后评滋味。

在讨论器型对茶汤的影响时，主要以普洱茶为例，分别用不同壶型对不同年份、形状的普洱茶进行冲泡，为读者品茶时在器型方面的选择和搭配提供一些参考。

第二节　绿茶与紫砂壶的搭配（以西湖龙井为例）

在泡茶品茗时，紫砂的质地直接影响茶叶冲泡的效果。密度高的，泡起茶来，香味比较清扬；密度低的，泡起茶来，香味比较低沉。目前紫砂主要分为紫泥、红泥、绿泥（段泥）三大类，这三种泥料制作而成的壶在泡“绿、黄、白、红、青、黑”六大茶类的时候是否会有不同的效果？本研究通过生化成分分析测定不同泥料紫砂壶冲泡所得茶汤的主要成分含量，研究不同类型的紫砂壶对茶叶冲泡的影响，探究内在机理，并且对壶泡茶汤的理化成分和香气进行检测以及感官审评，筛选出一个较为科学的结果，从而解答消费者选壶的难题，指导大家选择适合自己使用的紫砂壶。

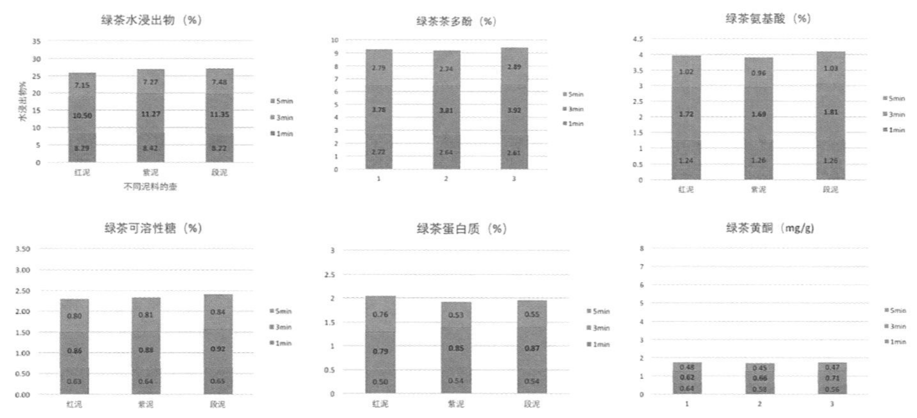

图 4-1　三种泥料冲泡西湖龙井茶的各项数据

表 4-1　HPLC 检测西湖龙井茶汤儿茶素含量（%）

茶类名称	出汤时间（min）	红泥	紫泥	段泥
西湖龙井	1	0.94	0.91	0.84
	3	1.11	1.13	1.12
	5	0.66	0.65	0.69
	累计	2.70	2.68	2.65

清心莲瓣　利永公司出品

绿茶类：以西湖龙井为例

通过实验数据可知，对于西湖龙井而言：用紫泥壶和段泥壶冲泡水浸出物显著高于红泥，其中，用段泥壶冲泡的水浸出物高于紫泥，但无显著性差异。

用段泥壶冲泡茶汤茶多酚的浸出浓度显著高于用红泥壶冲泡；用紫泥壶冲泡茶汤咖啡碱浸出浓度显著高于用段泥壶冲泡；用段泥壶冲泡茶汤氨基酸的浸出浓度显著高于用紫泥壶冲泡；用段泥壶冲泡茶汤中可溶性糖浓度显著高于用紫泥壶和红泥壶冲泡；用红泥壶冲泡茶汤中可溶性蛋白浓度显著高于用紫泥壶冲泡；用红泥壶和段泥壶冲泡茶汤黄酮的浸出浓度显著高于用紫泥壶冲泡。采用国家标准的审评专用杯碗，准确称取 5.6g 茶样，按 1 ： 50 的茶水比在三种不同泥料的壶（红泥、紫泥、段泥）进行冲泡，冲泡三次（第一次浸泡 1min 出汤，待壶冷却至室温后冲泡第二次，第二次 2min 出汤；待壶冷却至室温后冲泡第三次，第三次 2min 出汤）。将茶汤倒入审评碗中，看汤色、闻香气，然后评滋味。

在讨论器型对茶汤的影响时，主要以普洱茶为例，分别用不同壶型对不同年份、形状的普洱茶进行冲泡，为读者品茶时在器型方面的选择和搭配提供一些参考。

表 4-2 HPLC 检测西湖龙井茶汤儿茶素含量（%）

出汤时间（min）	红泥				紫泥				段泥			
	1	2	3	累计	1	2	3	累计	1	2	3	累计
GC	0.31	0.40	0.29	1.00	0.29	0.40	0.28	0.97	0.27	0.39	0.30	0.96
EGC	1.75	2.61	1.86	6.22	1.70	2.58	1.82	6.10	1.63	2.64	1.90	6.17
C	0.77	1.27	0.90	2.94	0.74	1.22	0.87	2.83	0.70	1.25	0.92	2.87
EC	0.47	0.82	0.62	1.91	0.45	0.80	0.58	1.83	0.44	0.83	0.64	1.91
简单儿茶素	3.30	5.10	3.67	12.07	3.18	5.00	3.55	11.73	3.04	5.11	3.76	11.91
EGCG	2.25	2.82	1.84	6.91	2.20	2.77	1.74	6.71	2.05	2.80	1.86	6.71
GCG	0.10	0.34	0.25	0.69	0.11	0.34	0.24	0.69	0.11	0.34	0.25	0.70
ECG	0.54	0.79	0.55	1.88	0.53	0.80	0.54	1.87	0.49	0.80	0.57	1.86
CG	0.04	0.05	0.03	0.12	0.04	0.05	0.03	0.12	0.03	0.05	0.03	0.11
酯型儿茶素	2.93	4.00	2.67	9.60	2.88	3.96	2.55	9.39	2.68	3.99	2.71	9.38
总和	6.23	9.10	6.34	21.67	6.06	8.96	6.10	21.12	5.72	9.10	6.47	21.29

香气物质

将西湖龙井茶样中的香气物质进行提取得到香气物质共 59 种。其中，经由段泥制成的紫砂壶浸提处理的茶样，香气物质 33 种；经由红泥制成的紫砂壶浸提处理的茶样，香气物质 48 种；经由紫泥制成的紫砂壶浸提处理的茶样，香气物质 40 种。

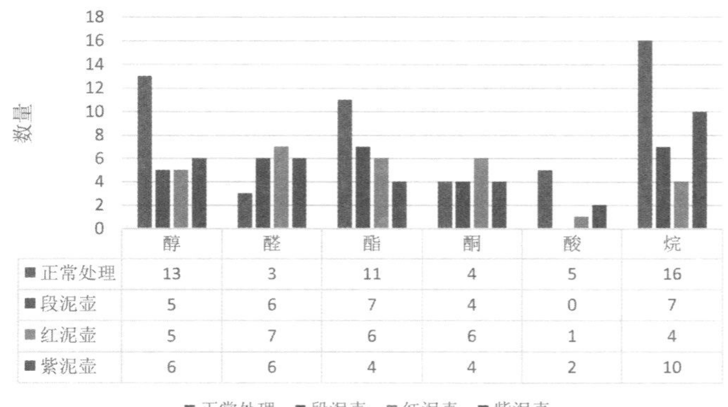

图 4-2 西湖龙井香气数量

感官审评

在感官审评部分，研究结果表明，用红泥壶和紫泥壶冲泡西湖龙井茶，冲泡时长为 1 分钟综合评分最高，用段泥壶冲泡评分最高的时长为 3 分钟。整体分析结果为，西湖龙井茶冲泡感官审评得分最高的情况是使用红泥壶冲泡 1 分钟。

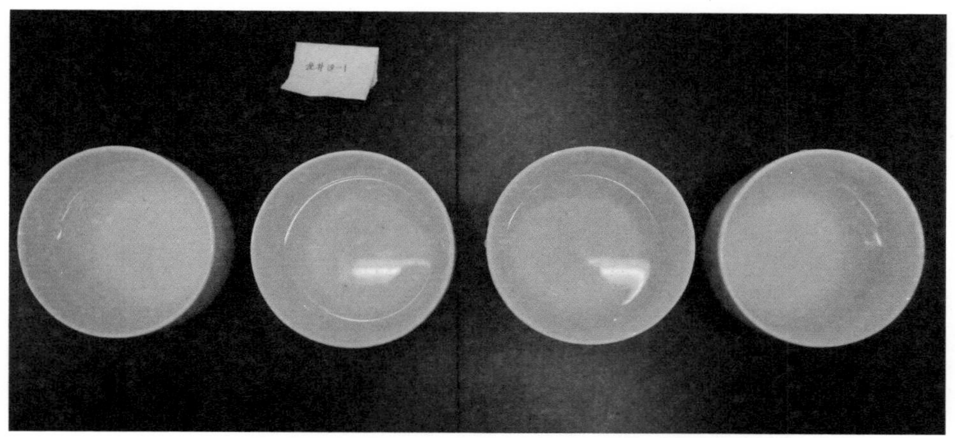

表 4-3　西湖龙井感官审评结果

时间	红泥			
	香气	汤色	滋味	综合评分 *
1	93.00	93.57	92.43	92.77
3	91.00	92.57	91.43	91.57
5	90.86	91.29	89.14	89.91
	紫泥			
	香气	汤色	滋味	综合评分 *
1	89.43	92.00	91.29	91.06
3	89.29	91.14	91.57	91.03
5	89.86	90.71	88.86	89.43
	段泥			
	香气	汤色	滋味	综合评分 *
1	88.86	91.00	90.29	90.14
3	91.57	92.00	91.86	91.83
5	90.29	90.43	88.86	89.46

* 评比权数：香气 0.2，汤色 0.2，滋味 0.6，折算成百分数，下同

求缘
利永公司出品

通过理化成分 PLS-DA 分析，研究计算相关 VIP 值，发现有 3 个理化成分的 VIP 值 >1：分别是水浸出物、汤色和可溶性糖，对分类起了最重要的作用，与测定数据结果一致。VIP 值可以量化 PLS-DA 的每个变量对分类的贡献，VIP 值越大，变量在不同泥料的壶之间的差异越显著。

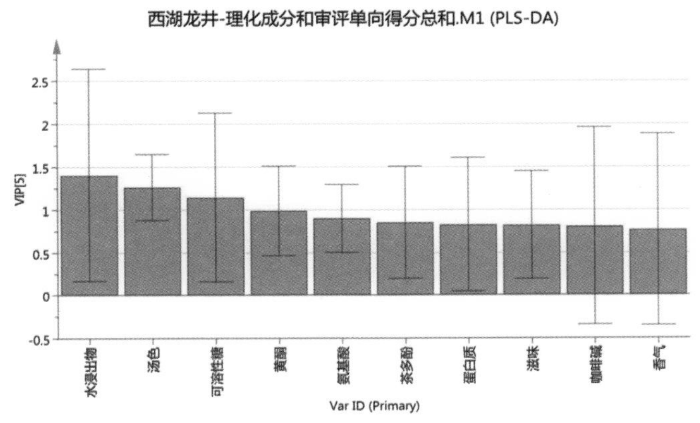

图 4-3　西湖龙井 PLS-DA 模型 VIP 图

结合实验理化测定结果和审评结果可知，对于西湖龙井来说，用红泥冲泡茶汤中可溶性蛋白浓度显著高于其他两种壶，所以茶汤的口感更为顺滑；茶多酚含量显著低于段泥壶，氨基酸略低于段泥但无显著性差异，这种组合使得其酚氨比显著低于其他两种泥料的壶冲泡出的茶汤。例如在第一泡时，段泥壶茶汤的酚氨比为 3.7568，而红泥壶的仅为 2.1902，第三泡时，红泥壶、紫泥壶、段泥壶冲泡西湖龙井茶汤的酚氨比分别为 8.5705，10.0747，10.3587。黄酮的量显著高于用紫泥壶泡的茶汤，黄酮与绿茶茶汤的关系比较大，形成了西湖龙井茶汤黄绿的色泽，咖啡碱含量显著高于紫泥和段泥，咖啡碱与儿茶素形成氢键，阻断了儿茶素与唾液蛋白结合，能够降低苦涩味，增强茶汤的鲜爽度。

综上，用红泥壶冲泡西湖龙井的品质最佳，紫泥壶次之，段泥壶再次之。

在壶型的选择上，绿茶须出汤快，适合选用身筒圆扁低矮、大壶口，且壶嘴以短嘴、直嘴为主的作品。

适合冲泡绿茶的壶型推荐

扁西施

相见欢

玉带圆珠·传

祥云

追集

汉瓦·宽心

随心汉瓦

周盘

景辉周盘

大口扁腹

（本页面所有作品均为利永公司出品）

第三节　黄茶与紫砂壶的搭配（以莫干黄茶为例）

通过实验数据可知，对于莫干黄茶而言：用段泥壶冲泡水浸出物显著高于用其他两种壶，且用紫泥壶冲泡的水浸出物显著高于用红泥壶冲泡；用段泥壶和紫泥壶冲泡茶汤茶多酚的浸出浓度显著高于用红泥壶冲泡；用紫泥壶和段泥壶冲泡茶汤咖啡碱浸出浓度显著高于用红泥壶冲泡；不同壶冲泡茶汤中氨基酸的浸出浓度从高到低分别是紫泥、段泥、红泥，但均无显著性差异；不同壶冲泡茶汤中可溶性糖的浓度从高到低分别是段泥、紫泥、红泥，且三者之间均有显著性差异；不同壶冲泡茶汤中可溶性蛋白浓度从高到低分别是紫泥、段泥、红泥，其中用紫泥壶和段泥壶冲泡茶汤中可溶性蛋白含量均显著高于用红泥壶冲泡，用段泥壶冲泡茶汤黄酮的浸出浓度显著高于用红泥壶和紫泥壶冲泡。

表 4-4　三种泥料冲泡莫干黄茶的各项数据

茶类名称	出汤时间（min）	红泥	紫泥	段泥
莫干黄茶	1	0.67	0.94	0.92
	3	1.14	1.33	1.38
	5	1.00	0.91	0.86
	累计	2.81	3.18	3.16

表 4-5　HPLC 检测莫干黄茶茶汤儿茶素含量（%）

	红泥				紫泥				段泥			
出汤时间（min）	1	2	3	累计	1	2	3	累计	1	2	3	累计
GC	1.01	1.70	1.51	4.22	1.38	1.98	1.00	4.36	1.37	2.13	0.97	4.46
EGC	0.53	1.02	0.93	2.48	0.66	1.06	0.88	2.60	0.66	1.18	0.86	2.69
C	0.22	0.44	0.45	1.10	0.30	0.52	0.47	1.28	0.30	0.57	0.45	1.32
EC	0.13	0.22	0.19	0.54	0.15	0.23	0.18	0.56	0.15	0.26	0.18	0.58
简单儿茶素	1.89	3.37	3.07	8.33	2.49	3.79	2.53	8.80	2.48	4.13	2.45	9.05
EGCG	1.16	2.24	2.29	5.68	1.55	2.67	2.34	6.55	1.52	2.79	2.18	6.49
GCG	0.17	0.42	0.30	0.89	0.20	0.34	0.31	0.85	0.21	0.37	0.30	0.88
ECG	0.16	0.33	0.36	0.85	0.23	0.40	0.38	1.01	0.22	0.43	0.35	1.00
CG	0.00	0.01	0.01	0.01	0.00	0.01	0.01	0.01	0.00	0.01	0.01	0.01
酯型儿茶素	1.49	2.99	2.95	7.42	1.98	3.41	3.03	8.41	1.95	3.59	2.83	8.37
总和	3.37	6.36	6.02	15.75	4.46	7.20	5.55	17.21	4.42	7.72	5.28	17.41

GC-MS 测茶叶香气物质

莫干黄茶用常规方法处理茶叶得到香气物质共 66 种。其中，经由段泥制成的紫砂壶浸提处理的茶样，香气物质 63 种；经由红泥制成的紫砂壶浸提处理的茶样，香气物质 50 种；经由紫泥制成的紫砂壶浸提处理的茶样，香气物质 41 种。

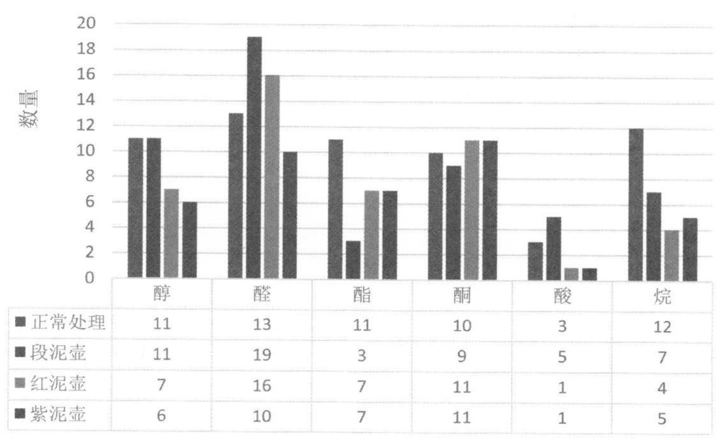

图 4-4 莫干黄茶香气数量

表 4-6 莫干黄茶感官审评结果

时间	红泥			
	香气	汤色	滋味	综合评分 *
1	92.25	92.13	92.75	92.53
3	91.88	91.63	93.33	92.70
5	89.75	90.25	89.50	89.70
	紫泥			
	香气	汤色	滋味	综合评分 *
1	92.13	91.25	92.25	92.03
3	90.75	91.25	92.00	91.60
5	89.00	89.50	89.00	89.10
	段泥			
	香气	汤色	滋味	综合评分 *
1	92.00	92.50	91.50	91.80
3	93.25	92.25	91.00	91.70
5	91.00	90.25	89.50	89.95

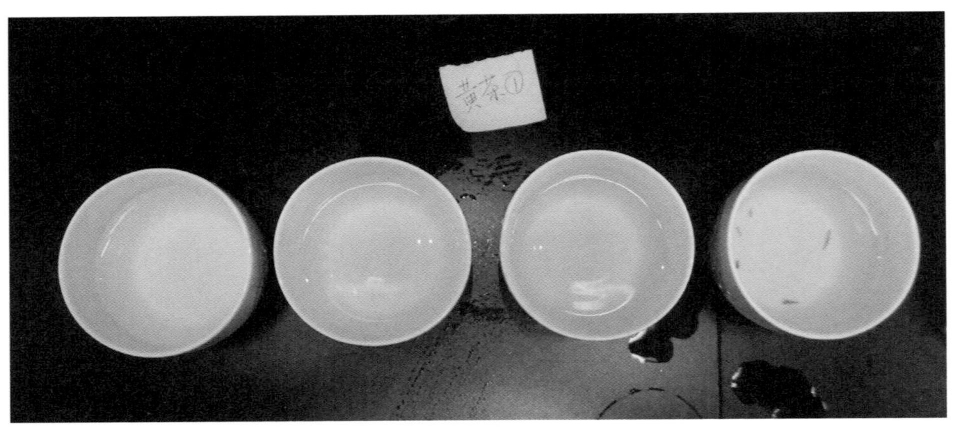

结合实验数据和审评结果可知，用紫泥冲泡黄茶氨基酸含量最高，所以茶汤会更为鲜爽，茶多酚和可溶性糖和咖啡碱含量也均显著高于红泥壶，使得茶汤滋味跟其他泥料的壶冲泡的茶汤相比更加醇厚与甘甜。

综上，用紫泥壶冲泡茶汤的品质最佳，红泥壶次之，段泥壶再次之。

在壶型的选择上，黄茶与绿茶类似，同样适合选用身筒圆扁低矮、大壶口，且壶嘴以短嘴、直嘴为主的作品。

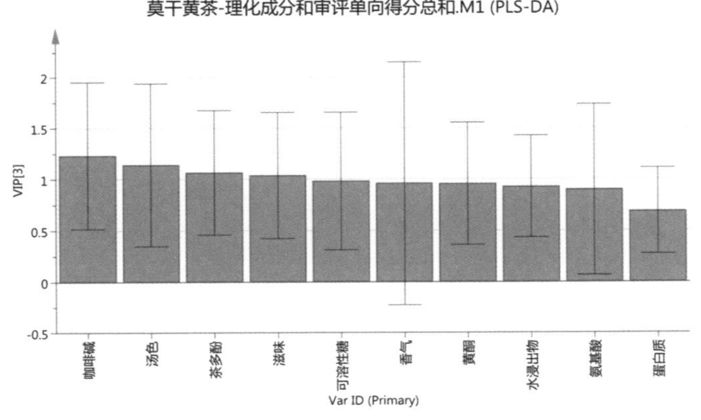

图 4-5　莫干黄茶 PLS-DA 模型 VIP 图

适合冲泡黄茶的壶型推荐

香玉•传

菱花扁鼓

缘起

明炉

（本页面所有作品均为利永公司出品）

第四节　白茶与紫砂壶的搭配（以白牡丹为例）

通过实验数据可知，对于白牡丹而言：不同壶冲泡水浸出物浓度从高到低分别是段泥、紫泥、红泥，但均无显著性差异；用紫泥壶和段泥壶冲泡茶汤中茶多酚的浸出浓度显著高于红泥壶；用段泥壶冲泡茶汤咖啡碱浸出浓度显著高于用红泥壶冲泡；用红泥壶和段泥壶冲泡茶汤中氨基酸的浸出浓度显著高于紫泥壶；用段泥壶冲泡茶汤中可溶性糖浓度显著高于用紫泥壶和红泥壶冲泡；不同壶冲泡茶汤中可溶性蛋白浓度从高到低分别是段泥、紫泥、红泥，但均无显著性差异；不同壶冲泡茶汤中黄酮的浸出浓度从高到低分别是段泥、红泥、紫泥，且三者之间均有显著性差异。

在感官审评部分，研究结果表明，用红泥冲泡莫干黄茶，冲泡时长为 3 分钟综合评分最高，紫泥壶和段泥壶冲泡评分最高的时长都为 1 分钟。整体分析结果为，莫干黄茶冲泡感官审评得分最高的情况是使用红泥壶冲泡 3 分钟。

通过理化成分 PLS-DA 分析，研究计算出相关 VIP 值，发现有 4 个理化成分的 VIP 值 >1 ：分别是咖啡碱、汤色审评得分和茶多酚和滋味审评得分，对分类起了最重要的作用，与测定数据结果一致。

表 4-7　三种泥料冲泡白牡丹的各项数据

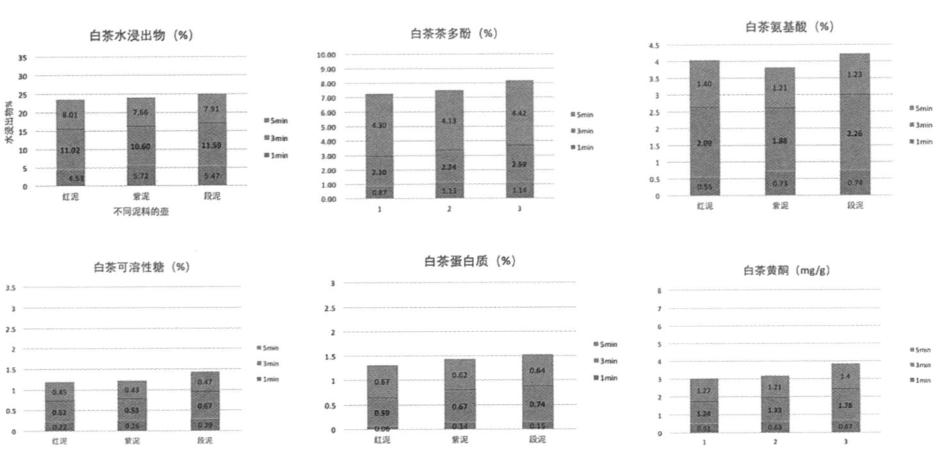

表 4-8　HPLC 检测咖啡碱含量（%）

茶类名称	出汤时间（min）	红泥	紫泥	段泥
白牡丹	1	0.56	0.89	0.85
	3	1.52	1.52	3.21
	5	0.98	0.86	0.90
	累计	3.05	3.27	3.35

表 4-9　HPLC 检测白牡丹茶汤儿茶素含量（%）

	红泥				紫泥				段泥			
出汤时间（min）	1	2	3	累计	1	2	3	累计	1	2	3	累计
GC	0.11	0.29	0.20	0.59	0.17	0.28	0.18	0.63	0.16	0.30	0.20	0.65
EGC	0.19	0.40	0.30	0.89	0.21	0.30	0.29	0.79	0.26	0.36	0.31	0.92
C	0.15	0.51	0.56	1.22	0.21	0.58	0.55	1.33	0.20	0.65	0.56	1.41
EC	0.02	0.09	0.10	0.21	0.02	0.10	0.09	0.21	0.02	0.11	0.10	0.23
简单儿茶素	0.47	1.28	1.16	2.90	0.60	1.25	1.10	2.95	0.63	1.41	1.16	3.20
EGCG	0.38	1.20	1.05	2.62	0.51	1.09	0.91	2.51	0.51	1.29	1.04	2.83
GCG	0.03	0.10	0.13	0.25	0.04	0.14	0.12	0.29	0.04	0.16	0.13	0.32
ECG	0.07	0.23	0.24	0.53	0.09	0.25	0.23	0.57	0.09	0.29	0.25	0.62
CG	0.01	0.01	0.01	0.03	0.01	0.01	0.01	0.02	0.01	0.01	0.01	0.03
酯型儿茶素	0.47	1.53	1.42	3.41	0.65	1.49	1.26	3.39	0.64	1.74	1.43	3.80
总和	0.94	2.81	2.57	6.31	1.25	2.74	2.36	6.34	1.27	3.15	2.58	6.99

GC-MS 测茶叶香气物质

白牡丹用常规方法处理茶叶得到香气物质 57 种。其中，经由段泥制成的紫砂壶浸提处理的茶样，香气物质 58 种；经由红泥制成的紫砂壶浸提处理的茶样，香气物质 56 种；经由紫泥制成的紫砂壶浸提处理的茶样，香气物质 60 种。

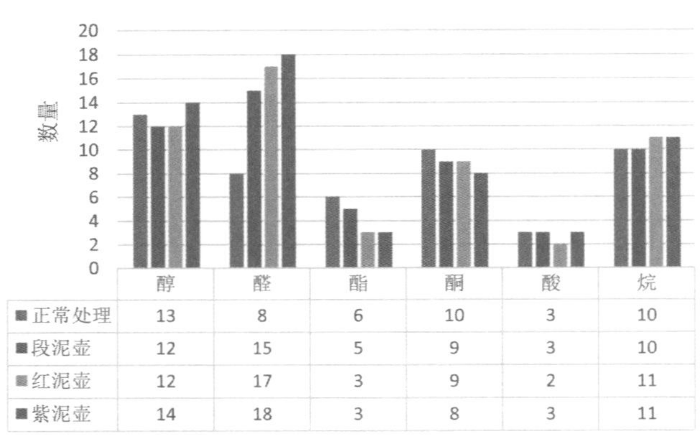

	醇	醛	酯	酮	酸	烷
■正常处理	13	8	6	10	3	10
■段泥壶	12	15	5	9	3	10
■红泥壶	12	17	3	9	2	11
■紫泥壶	14	18	3	8	3	11

图 4-6　白牡丹香气数量

在感官审评部分，研究结果表明，用红泥冲泡白牡丹，冲泡时长为 3 分钟综合评分最高，紫泥壶和段泥壶冲泡评分最高的时长都为 1 分钟。整体分析结果为，白牡丹冲泡感官审评得分最高的情况是使用红泥壶冲泡 3 分钟。

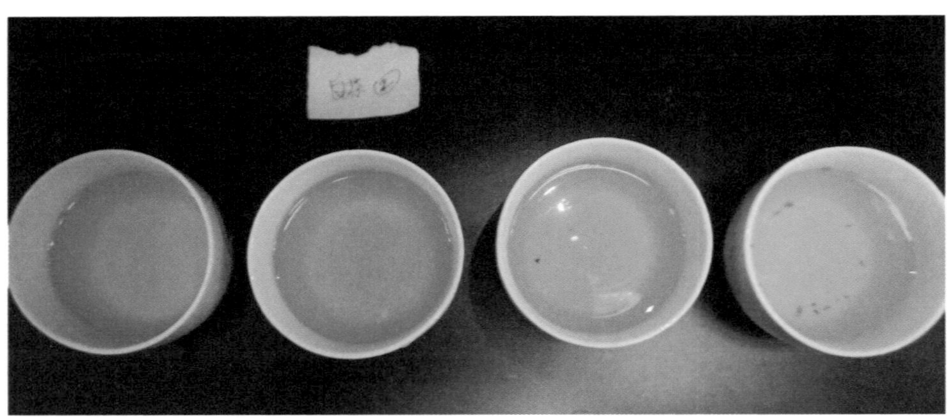

通过理化成分 PLS-DA 分析，研究计算出相关 VIP 值，发现有 3 个理化成分的 VIP 值 >1：分别是蛋白质、可溶性糖和氨基酸，对分类起了最重要的作用，与测定数据结果一致。

表 4-10　白牡丹感官审评结果

时间	红泥			
	香气	汤色	滋味	综合评分 *
1	92.17	90.83	92.83	92.30
3	91.50	92.33	92.70	92.39
5	91.20	91.83	92.00	91.81
	紫泥			
	香气	汤色	滋味	综合评分 *
1	91.17	91.67	92.67	92.17
3	91.17	90.50	91.17	91.03
5	90.20	90.75	90.33	90.39
	段泥			
	香气	汤色	滋味	综合评分 *
1	91.67	91.50	92.50	92.13
3	90.50	91.17	91.33	91.13
5	90.20	91.00	90.00	90.24

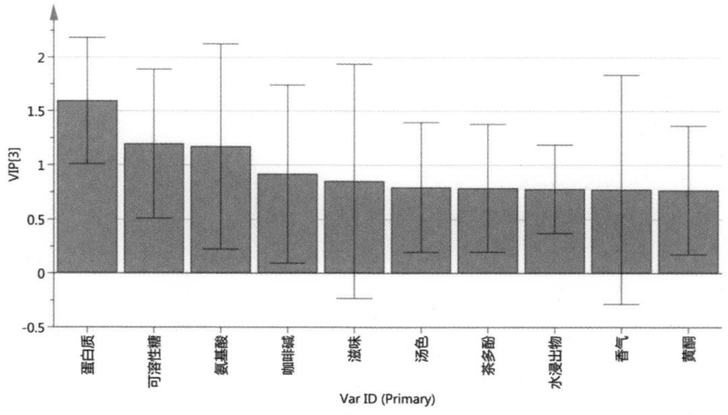

图 4-7　白牡丹 PLS-DA 模型 VIP 图

实验结果表明，对于白牡丹而言，用段泥壶冲泡的茶汤氨基酸含量显著高于用紫泥壶冲泡的结果，茶汤的滋味更为鲜爽，茶多酚的含量也显著高于其他，茶汤滋味有一定的强度，稍有涩味但回味爽口，黄酮、可溶性糖和咖啡碱的含量也是最高且显著高于其他两种，结合水浸出物的数据看也是如此。由此可得，用段泥壶冲泡白牡丹在滋味和营养价值上都要显著高于其他两种壶。

综上，对于白牡丹而言：用段泥壶冲泡茶汤品质最佳，红泥壶次之，紫泥壶再次之。

在壶型的选择上，三年以内的新白茶，适合选用身筒圆扁、大壶口、直嘴或一弯嘴为主的作品；三年以上的老白茶，适合选用身筒偏高、一弯嘴、三弯嘴为主的作品。

汉铎•奔马

适合冲泡白茶的壶型推荐

景舟井栏

优雅

海棠竹段

仙瓢

松桩•雪

古莲子

（本页面所有作品均为利永公司出品）

第五节　红茶与紫砂壶的搭配（以凤庆红茶为例）

实验结果表明，对于凤庆红茶而言：用紫泥壶和段泥壶冲泡的水浸出物显著高于红泥壶；不同壶冲泡茶汤中茶多酚的浸出浓度从高到低分别是段泥、紫泥、红泥，且三者之间均无显著性差异；不同壶冲泡茶汤咖啡碱浸出浓度从高到低分别是段泥、紫泥、红泥，且三者之间均有显著性差异；不同壶冲泡茶汤中氨基酸的浸出浓度从高到低分别是段泥、红泥、紫泥，且三者之间均有显著性差异；用段泥壶和红泥壶冲泡茶汤中可溶性糖浓度显著高于用紫泥壶冲泡；不同壶冲泡茶汤中可溶性蛋白浓度从高到低分别是紫泥、段泥、红泥，其中紫泥壶冲泡茶汤中可溶性蛋白浓度显著高于段泥壶；用段泥壶和紫泥壶冲泡茶汤黄酮的浸出浓度显著高于用红泥壶冲泡。

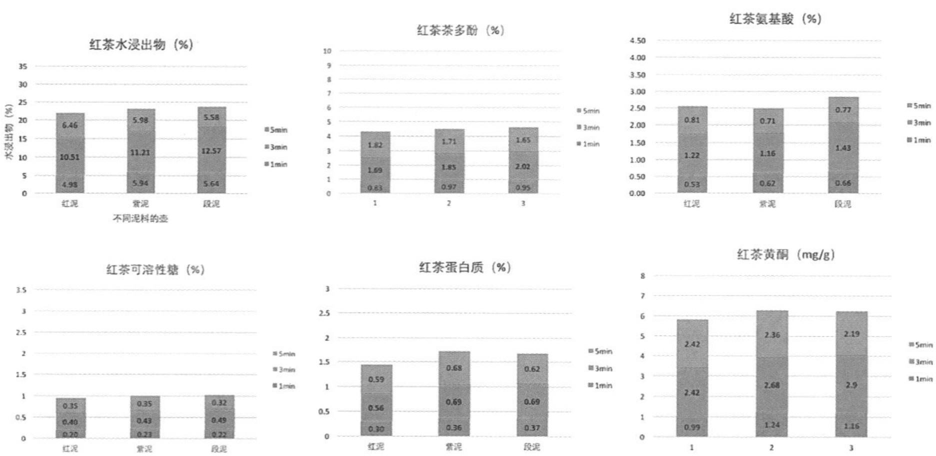

风庆红茶用常规方法处理茶叶得到香气物质共52种。其中，经由段泥制成的紫砂壶浸提处理的茶样，香气物质34种；经由红泥制成的紫砂壶浸提处理的茶样，香气物质35种；经由紫泥制成的紫砂壶浸提处理的茶样，香气物质41种。

表4-11　三种泥料冲泡风庆红茶的各项数据

茶类名称	出汤时间（min）	红泥	紫泥	段泥
风庆红茶	1	0.72	0.81	0.83
	3	1.25	1.38	1.56
	5	1.03	0.96	0.87
	累计	3.00	3.15	3.25

表4-12　HPLC检测咖啡碱含量（%）

	红泥				紫泥				段泥			
出汤时间（min）	1	2	3	累计	1	2	3	累计	1	2	3	累计
GC	0.51	0.89	0.75	2.14	0.56	0.99	0.67	2.22	0.53	1.05	0.63	2.20
EGC	0.14	0.35	0.37	0.86	0.15	0.35	0.35	0.85	0.16	0.54	0.35	1.05
C	0.08	0.22	0.22	0.51	0.07	0.22	0.21	0.50	0.08	0.26	0.20	0.54
EC	0.03	0.07	0.07	0.17	0.04	0.08	0.07	0.18	0.04	0.09	0.07	0.19
简单儿茶素	0.76	1.52	1.41	3.68	0.82	1.64	1.29	3.74	0.80	1.93	1.24	3.97
EGCG	0.01	0.01	0.01	0.03	0.01	0.02	0.01	0.03	0.01	0.02	0.01	0.04
GCG	0.01	0.01	0.01	0.02	0.01	0.01	0.01	0.02	0.01	0.01	0.01	0.02
ECG	0.02	0.05	0.06	0.12	0.02	0.06	0.05	0.13	0.03	0.06	0.05	0.13
CG	0.01	0.04	0.01	0.05	0.02	0.04	0.01	0.06	0.01	0.01	0.01	0.02
酯型儿茶素	0.04	0.10	0.08	0.21	0.05	0.11	0.07	0.23	0.04	0.09	0.07	0.20
总和	0.80	1.61	1.48	3.89	0.87	1.75	1.36	3.97	0.84	2.02	1.31	4.17

GC-MS测茶叶香气物质

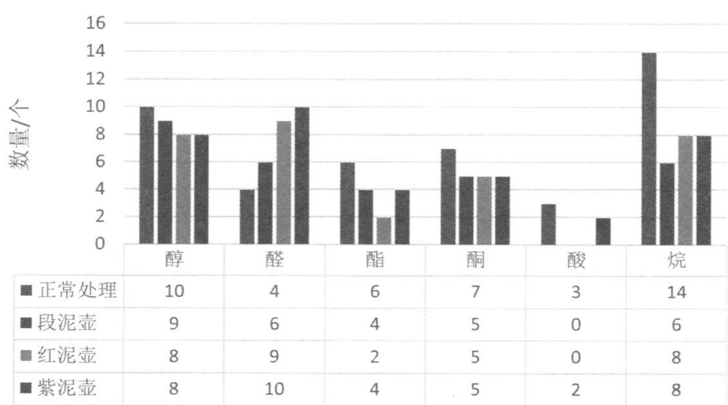

图 4-8　凤庆红茶香气数量

在感官审评部分，研究结果表明，用三种泥料冲泡凤庆红茶，冲泡时长为 1 分钟综合评分最高。整体分析结果为，凤庆红茶冲泡感官审评得分最高的情况是使用红泥壶冲泡 1 分钟。

表 4-13　凤庆红茶感官审评结果

时间	红泥			
	香气	汤色	滋味	综合评分 *
1	92.30	91.20	93.00	92.50
3	91.60	90.80	92.60	92.04
5	90.40	90.40	89.80	90.04
	紫泥			
	香气	汤色	滋味	综合评分 *
1	91.20	91.20	92.00	91.68
3	90.60	91.40	91.40	91.24
5	90.00	91.00	89.40	89.84
	段泥			
	香气	汤色	滋味	综合评分 *
1	90.00	91.60	91.00	90.92
3	90.00	91.40	90.20	90.40
5	88.60	90.80	88.80	89.16

通过不同泥料的壶泡熟普理化成分 PLS-DA 分析，研究计算出相关 VIP 值，发现有 3 个理化成分的 VIP 值 >1：分别是水浸出物、汤色和可溶性糖，对分类起了最重要的作用，与测定数据结果一致。

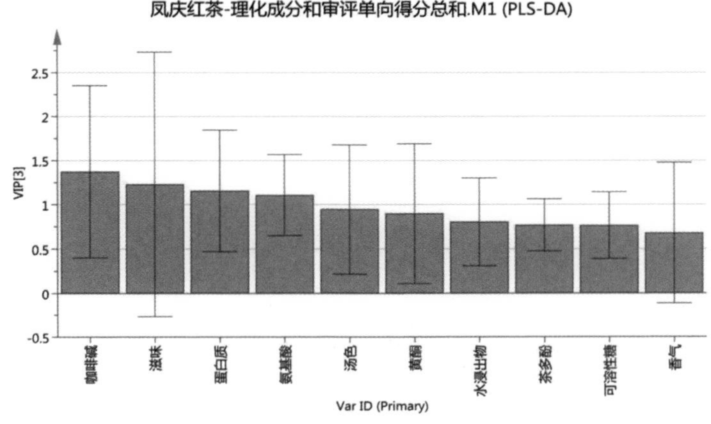

图 4-9　凤庆红茶 PLS-DA 模型 VIP 图

实验结果表明，对于凤庆红茶而言，用红泥壶冲泡茶汤氨基酸含量显著高于用紫泥壶，而茶多酚含量显著低于其他两种壶冲泡的茶汤，因此茶汤的涩感比较低，更加醇和鲜甜。

综上，用红泥壶冲泡茶汤品质最佳，紫泥壶次之，段泥壶再次之。

在壶型的选择上，红茶出汤速度适中，对身筒、壶嘴的选择没有太高要求，一般壶型皆可。

适合冲泡红茶的壶型推荐

双线竹鼓

昆玉

四方鼓腹

贵妃

高仕

剑流德钟

阿曼陀室　葫芦

高僧帽

大彬三足如意

（本页面所有作品均为利永公司出品）

第六节　青茶与紫砂壶的搭配（以铁观音为例）

实验结果表明，对于铁观音而言：不同壶冲泡水浸出物浓度从高到低分别是红泥、紫泥、段泥，但均无显著性差异；对于铁观音而言：用紫泥壶和段泥壶冲泡茶汤中茶多酚的浸出浓度显著高于红泥壶；对于铁观音而言：用段泥壶和紫泥壶冲泡茶汤中咖啡碱浸出浓度显著高于用红泥壶冲泡；对于铁观音而言：用红泥壶和段泥壶冲泡茶汤中氨基酸的浸出浓度显著高于紫泥壶；用段泥壶和红泥壶冲泡茶汤中可溶性糖浓度显著高于用紫泥壶冲泡；不同壶冲泡茶汤中可溶性蛋白可忽略不计，且均无显著性差异；用紫泥壶冲泡茶汤中黄酮的浸出浓度显著高于红泥壶和段泥壶。

表 4-14　三种泥料冲泡铁观音的各项数据

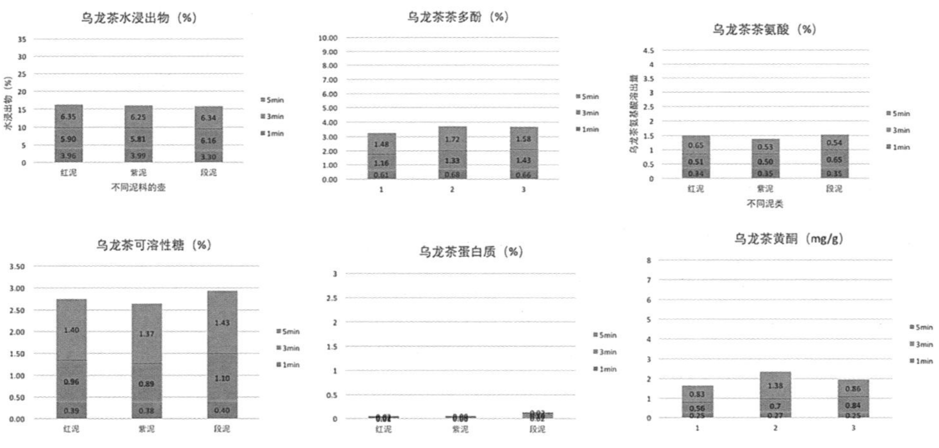

表 4-15　HPLC 检测咖啡碱含量（%）

茶类名称	出汤时间（min）	红泥	紫泥	段泥
铁观音	1	0.10	0.10	0.09
	3	0.39	0.54	0.45
	5	0.28	0.56	0.61
	累计	0.77	1.20	1.15

表 4-16　HPLC 检测铁观音茶汤儿茶素含量（%）

出汤时间（min）	红泥 1	红泥 2	红泥 3	红泥 累计	紫泥 1	紫泥 2	紫泥 3	紫泥 累计	段泥 1	段泥 2	段泥 3	段泥 累计
GC	0.02	0.09	0.08	0.18	0.02	0.12	0.13	0.26	0.02	0.09	0.11	0.21
EGC	0.13	0.72	0.88	1.72	0.13	0.71	0.98	1.82	0.13	0.74	0.97	1.83
C	0.01	0.04	0.04	0.08	0.01	0.05	0.06	0.11	0.01	0.04	0.05	0.09
EC	0.03	0.12	0.16	0.30	0.03	0.13	0.17	0.33	0.03	0.13	0.17	0.32
简单儿茶素	0.18	0.96	1.14	2.28	0.18	1.00	1.33	2.51	0.17	0.98	1.29	2.44
EGCG	0.11	0.62	0.67	1.40	0.12	0.66	0.84	1.61	0.11	0.63	0.79	1.52
GCG	0.00	0.01	0.01	0.02	0.00	0.01	0.02	0.03	0.00	0.01	0.01	0.02
ECG	0.02	0.08	0.08	0.17	0.02	0.09	0.11	0.21	0.02	0.08	0.10	0.19
CG	0.00	0.01	0.00	0.01	0.00	0.00	0.01	0.01	0.00	0.00	0.01	0.01
酯型儿茶素	0.13	0.71	0.75	1.59	0.13	0.76	0.96	1.85	0.12	0.72	0.90	1.74
总和	0.30	1.67	1.89	3.86	0.31	1.75	2.29	4.35	0.29	1.70	2.19	4.18

GC-MS 测茶叶香气物质

铁观音用常规方法处理茶叶得到，香气物质 65 种；经由段泥制成的紫砂壶浸提处理的茶样，香气物质 33 种；经由红泥制成的紫砂壶浸提处理的茶样，香气物质 40 种；经由紫泥制成的紫砂壶浸提处理的茶样，香气物质 36 种。

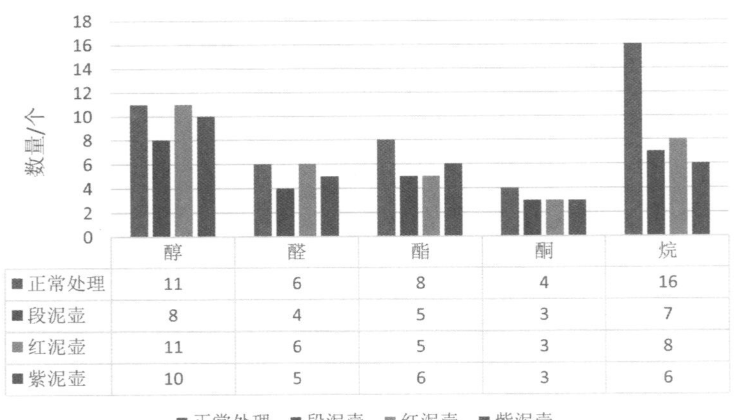

图 4-10　铁观音茶香气数量

在感官审评部分，研究结果表明，用三种冲泡铁观音，冲泡时长为 3 分钟综合评分最高。整体分析结果为，铁观音冲泡感官审评得分最高的情况是使用紫泥壶冲泡 3 分钟。

表 4-17　铁观音感官审评结果

时间	红泥			
	香气	汤色	滋味	综合评分 *
1	92.60	89.80	88.40	89.52
3	93.60	90.60	91.00	91.44
5	91.20	91.20	90.00	90.48
	紫泥			
	香气	汤色	滋味	综合评分 *
1	92.20	91.40	89.20	90.24
3	92.00	92.00	91.60	91.76
5	90.20	91.80	89.75	90.25
	段泥			
	香气	汤色	滋味	综合评分 *
1	90.40	91.40	89.20	89.88
3	89.80	90.80	89.80	90.00
5	89.40	91.20	88.75	89.37

通过不同泥料的壶泡熟普理化成分 PLS-DA 分析，研究计算出相关 VIP 值，发现有 3 个理化成分的 VIP 值 >1：分别是水浸出物、汤色和可溶性糖，对分类起了最重要的作用，与测定数据结果一致。

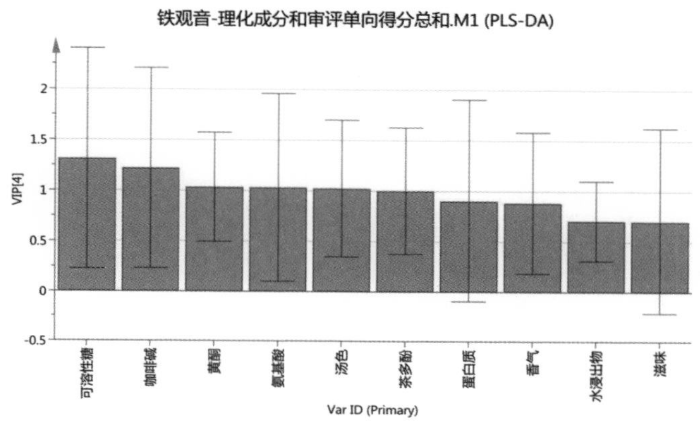

图 4-11　铁观音 PLS-DA 模型 VIP 图

实验结果表明，对于铁观音而言，用紫泥壶冲泡茶汤中茶多酚的浸出浓度显著高于红泥壶，黄酮的浸出浓度显著高于其他两个壶，咖啡碱浸出浓度显著高于用红泥壶冲泡，这些品质都让铁观音茶汤有一定的强度，且与可溶性糖和氨基酸配合呈现出鲜爽甘甜之口感。

综上，用紫泥壶冲泡茶汤的品质最佳，红泥壶次之，段泥壶再次之。

在壶型的选择上，青茶出汤较快，以圆形收口的小壶为主，壶嘴短直更佳。

适合冲泡青茶的壶型推荐

子冶石瓢•文清

小乔

圆珠

龙文六方

流芳

初遇西施

菱花小圆壶

茶缘

锦心

怀隐

景舟水平

龙蛋

小红

（本页面所有作品均为利永公司出品）

红颜

利永公司出品（复刻自利永紫砂博物馆藏清代朱泥梨形壶）

第七节　黑茶（普洱茶）与紫砂壶的搭配

紫砂壶因其独特的双气孔结构而具有适茶性。以普洱茶为例，本节我们将从科学实验数据和感官两种角度分别研究不同泥料、不同壶型的紫砂器对于茶叶冲泡的重要性。

一、不同泥料与普洱茶的搭配（以熟普为例）

实验方面，以熟普为角度切入，用不同泥料制成的紫砂壶冲泡，并对壶泡茶汤的理化成分和香气进行检测以及感官审评，筛选出一个较为科学的结果。

通过实验数据可以发现，对于熟普而言：用红泥壶和段泥壶冲泡的水浸出物显著高于用紫泥壶；不同壶冲泡茶汤中茶多酚的浸出浓度从高到低分别是段泥、红泥、紫泥，且三者之间均有显著性差异；用段泥壶冲泡茶汤咖啡碱浸出浓度显著高于用紫泥壶冲泡；不同壶冲泡茶汤中氨基酸的浸出浓度从高到低分别是段泥、红泥、紫泥，且三者之间均有显著性差异；不同壶冲泡茶汤中可溶性糖浓度从高到低分别是段泥、紫泥、红泥，且三者之间均有显著性差异；用段泥壶冲泡茶汤中可溶性蛋白浓度显著高于用紫泥壶；用段泥壶冲泡茶汤黄酮的浸出浓度显著高于用红泥壶和紫泥壶冲泡。

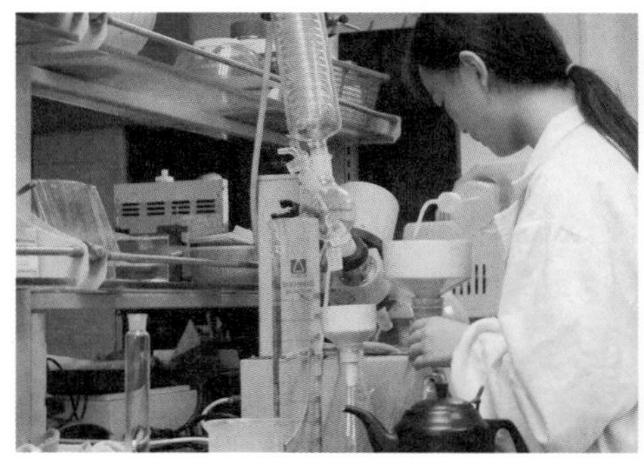

普洱茶理化实验

普洱茶感官实验

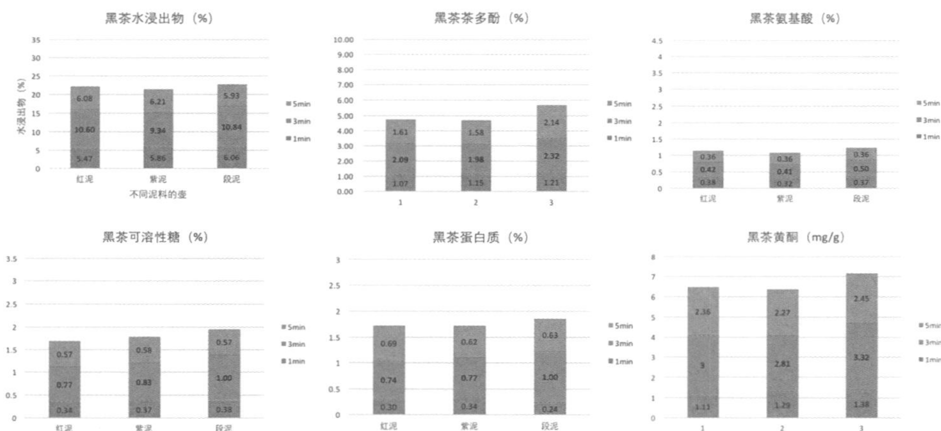

表 4-18　三种泥料冲泡普洱茶的各项数据

茶类名称	出汤时间（min）	红泥	紫泥	段泥
熟普	1	5.47 ± 0.05	5.86 ± 0.65	6.06 ± 0.29
	3	10.60 ± 0.62	9.34 ± 0.07	10.84 ± 0.24
	5	6.08 ± 0.67*	6.21 ± 0.04*	5.93 ± 0.48
	累计	22.15 ± 1.30	21.41 ± 0.74	22.83 ± 0.11

表 4-19 HPLC 检测熟普茶汤儿茶素含量（%）

	红泥				紫泥				段泥			
出汤时间（min）	1	2	3	累计	1	2	3	累计	1	2	3	累计
GC	0.78	1.29	0.85	2.91	0.81	1.31	0.80	2.91	0.81	1.32	0.78	2.91
EGC	0.06	0.12	0.06	0.23	0.05	0.11	0.05	0.21	0.05	0.12	0.06	0.23
C	0.01	0.02	0.01	0.04	0.01	0.02	0.01	0.04	0.01	0.02	0.01	0.04
EC	0.04	0.08	0.05	0.16	0.03	0.07	0.05	0.14	0.04	0.08	0.05	0.16
简单儿茶素	0.88	1.50	0.96	3.33	0.90	1.50	0.90	3.29	0.91	1.53	0.89	3.33
EGCG	0.01	0.01	0.01	0.02	0.01	0.01	0.01	0.02	0.01	0.01	0.01	0.02
GCG	0.00	0.01	0.01	0.01	0.00	0.01	0.01	0.01	0.00	0.01	0.01	0.01
ECG	0.01	0.01	0.01	0.02	0.01	0.01	0.01	0.02	0.01	0.01	0.01	0.02
CG	0.01	0.01	0.01	0.03	0.01	0.01	0.01	0.03	0.01	0.02	0.01	0.03
酯型儿茶素	0.02	0.03	0.03	0.08	0.02	0.03	0.03	0.07	0.02	0.04	0.02	0.07
总和	0.90	1.53	0.99	3.41	0.92	1.52	0.93	3.36	0.92	1.57	0.91	3.40

将熟普茶样中的香气物质进行提取，研究得到香气物质共 60 种。其中，经由段泥制成的紫砂壶浸提处理的茶样，香气物质 36 种；由红泥制成的紫砂壶浸提处理的茶样，香气物质 30 种；经由紫泥制成的紫砂壶浸提处理的茶样，香气物质 41 种。

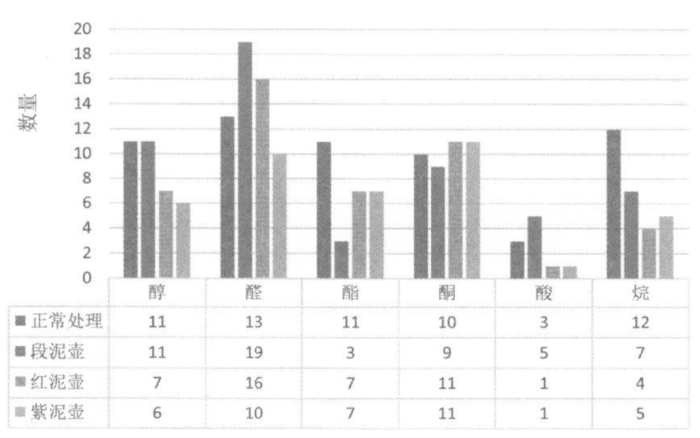

图 4-12 熟普香气数量

在感官审评部分，研究结果表明，用红泥壶冲泡普洱茶，冲泡时长为 3 分钟，综合评分最高，紫泥壶和段泥壶冲泡评分最高的时长都为 1 分钟。整体分析结果为，熟普冲泡感官审评得分最高的情况是使用红泥壶冲泡 3 分钟。

表 4-20　熟普感官审评结果

时间	红泥			
	香气	汤色	滋味	综合评分 *
1	92.75	90.50	92.00	91.85
3	90.50	92.00	93.25	92.45
5	89.75	91.75	91.75	91.35
	紫泥			
	香气	汤色	滋味	综合评分 *
1	90.75	91.00	91.67	91.35
3	89.25	92.25	92.25	91.65
5	89.00	91.50	90.25	90.25
	段泥			
	香气	汤色	滋味	综合评分 *
1	90.00	92.00	91.67	91.40
3	89.75	91.25	91.00	90.80
5	87.75	90.50	89.50	89.35

通过不同泥料的壶泡熟普理化成分 PLS-DA 分析，研究计算出相关 VIP 值，发现有 5 个理化成分的 VIP 值 >1：分别是香气审评得分、氨基酸、蛋白质、滋味审评得分和可溶性糖，对分类起了最重要的作用，与测定数据结果一致。

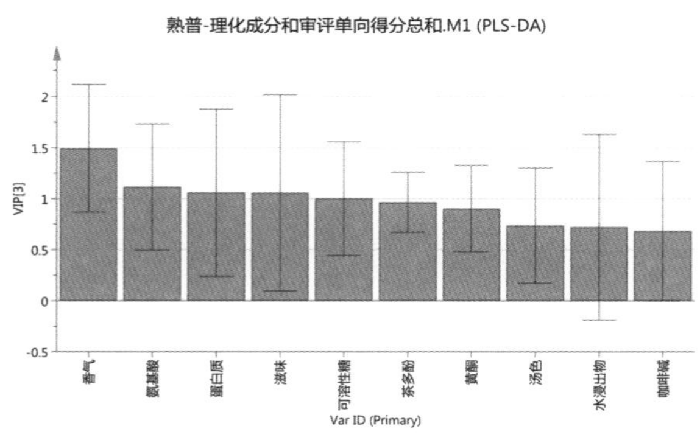

图 4-13　熟普 PLS-DA 模型 VIP 图

实验结果表明，用红泥壶冲泡茶汤其氨基酸含量要高于紫泥壶，茶汤更为鲜爽，茶多酚含量为三种壶中最低，黄酮显著低于段泥而可溶性糖与其他壶相比无显著性差异，这种协调性让熟普茶汤的甘甜度更好些。

综上，熟普用红泥壶冲泡茶汤品质最佳，紫泥壶次之，段泥壶再次之。

二、不同器型与普洱茶的搭配

紫砂壶千变万化的造型不仅需要满足不同人群的审美，不同的器型也适配不同的茶叶。茶壶的大小和形状对茶汤味道的影响很大。一般来说，圆形大肚的紫砂壶利于茶叶的舒展和茶香的散发，小一些的壶型则易聚集茶叶的特性，使泡茶者容易把握茶汤的滋味。选好了泥料，那么又该如何选择器型？

按照不同的分类方式，可以粗略地将普洱分为生普、熟普，老茶、新茶，碎茶、饼茶等。新茶中主要是多酚和多糖类物质，多酚物是由碱类、咖啡因类、儿茶素类、果胶类、维生素类、芳香类等组成，多糖类是由单糖类、减糖类、酸糖类、木糖醇类等组成。多糖类大多在老叶和茶梗中，多酚类多在于嫩芽和大叶中。多酚类的东西因温度而发也因温度而败。用冷水泡茶，即使茶叶一直浸泡在水里，茶叶一直都不会苦，同时茶叶永远也不会香。换言之，多糖类不需要温度，就会有甜味释放。多酚类物质的释放是一定需要温度的，因温度而发，比如芳香类。所以，这种茶需要高温冲泡，但不能一直让高温陪伴着它，过了就会出现涩味。

冲泡碎状的新生普，碎状越多，证明它的茶叶物质释放比例越大，所以我们需要选择一把很快就能把水冲完的壶。如果一直泡在水里，口感就不是最佳了。而冲泡块状普洱新茶，相对于碎状茶耐高温一些，但也不需要长期存温，所以出汤不需要很快，可选弯嘴、大口的壶，但这种耐高温的程度仅限于和碎状新茶相比，和老茶的耐高温性还是远远不能相比的。总体来说，用壶口较大的壶冲泡普洱新茶比较得宜，块状茶冲泡的时间可略微长一些，但长期高温容易丧失茶叶的鲜爽度。

熟普一般经过发酵，发酵过的茶叶中的物质都很饱满，比生茶茶叶中物质释放比例大。发酵过的茶耐高温，类似这种茶就得找密度大、不怕高温但出汤要快的壶。众所周知，紫砂壶口小聚温，碎状熟茶适合用泥料密度大、出水快、有球孔的紫砂壶冲泡。块状熟茶茶叶中各个成分释放的相对较少，茶叶比较难泡开，因而需要用身筒较高的紫砂壶来冲泡。熟茶都不怕高温，恰恰需要高温把茶的香气释放出来，达到厚重的口感。因而，熟普需要用存温好的壶冲泡。而存温好的紫砂壶通常有三个特点：深、密、口小。

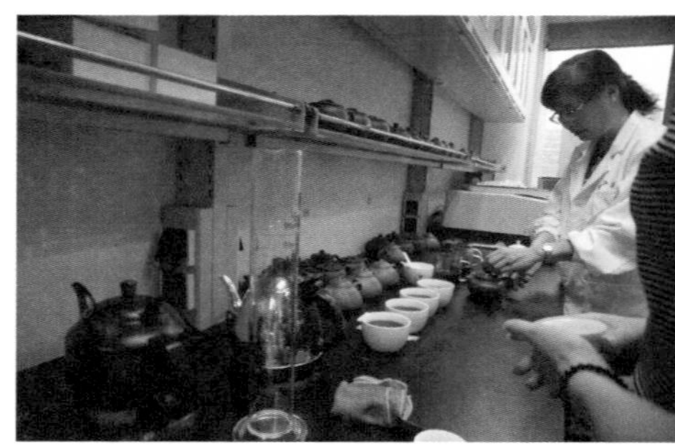

普洱茶理化试验

经过转化后的熟普耐泡度更佳，需要保温性好的小型紫砂壶，如果是大壶，耐泡度容易失衡。而块状的转化茶需要肚子比较大的壶，因为茶叶在泡的过程中会舒展，这样就可让茶充分与水接触。

适合冲泡黑茶（普洱茶）的壶型推荐

·生普

大乔

寒香

明灯

·熟普

梨形·和

美人肩

明式菱花

平盖古莲子

君德

君逸

（本页面所有作品均为利永公司出品）

第八节　人、器、茶的协调统一

我们用科学的方式可以在一定程度上解析器与茶的科学逻辑。那么，人在这两者之间起到什么作用呢？

泡茶重点在于人，即使茶、水、壶都很好，泡茶者的拿捏出了问题，那么茶水的口感也很一般。所谓拿捏，就是泡茶的人估量着一把壶的容量是多大，需要多少茶叶、水温要多高，泡茶过程中估量着茶的形态是什么样子的，控制着时间出汤。

“请赋予你的行为能有一个说服自己的理由。”泡茶当中，反复会说到这个。你为什么选这把壶，原因在于你是什么茶、多少人喝、打算喝几泡……不管你的逻辑是否科学，它足够支撑你的行为。所以前面讲到科学性的数据，只能少量，因为很多东西就像心理状态，没办法用科学的东西完整表达。所以，一个优秀的茶人，他的感官一定是非常敏锐的。

匏尊　利永公司出品

科学是基础的也是理性的，但茶之所以迷人还在于其丰富的感性成分。茶学中所说：“所有超越实用性的美感都称之为艺术。”在这里，特别对于紫砂壶来说，所有超越实用性的美感都称之为艺术。艺术，给人美的享受，也可以消磨人身上的戾气。当茶人在竭尽全力泡出一壶好茶的修行过程之中，他的性情潜移默化地得到了滋养，心境也越来越平和。

我们在用茶用壶之间不仅仅是实用性，还有陶冶情操的作用。因此用壶泡茶，用茶养壶，这是一个逻辑关系。在这个逻辑关系中，壶不仅仅是一种工具，而是生活当中的一种情趣。在人、器、茶的逻辑关系中，人既是平衡者，也是受益者。

紫砂壶在生活中，如同一串手链、一个把玩件、枕边的一本旧书、阳台上的一盆鲜花，是人们生活中的一块调色板。家里阳台上养了一盆花，它的花蕾正在绽放的时候，你在公司上班期间，心中也会想着它，有隐隐的期盼。如同人养花花养人一般，壶也养人，这其实也就是一种盼头。新买来一把壶，通过自己用它、养它、精心打磨，最后它演变为你生活当中的一种光泽，回馈给你的是一种温润之感。

芭乐梨形 利永公司出品

题记

饮月 利永公司出品

宜兴紫砂问世以来，其素面素心、温润如玉的朴雅气质以及优良的宜茶功能，一直受到文人雅士的青睐。许多文人还与艺人合作联手，参与壶艺。他们或设计新款，依式定制。或题写铭文，书画篆刻。文人还收藏鉴赏，贻赠友朋，著书立说，赋诗题咏。正是有了文人的积极参与、追捧推广，紫砂才登上高雅的艺术殿堂；也正是借助文人的诸多典籍，才留下了有关紫砂起源、传承、发展的历史资料，使我们能了解历代众多艺人名匠的姓名、技艺、业绩，使我们能比较顺利地开展紫砂历史文化的研究。由于紫砂壶是“世间茶具称为首”，适宜沏茶，能发茶之色、香、味，且可摩挲欣赏，养壶把玩，而文人雅士大多嗜壶爱茶，并倡导休闲养生的陶式生活，随着壶、茶文化的融合和普及，玩壶饮茶已进入大众百姓日常生活，进而形成了新的文化现象。

第五章 紫砂与茶的文化现象

松报春

利永公司出品（复刻自利永紫砂博物馆藏朱可心制松报春壶）

第一节 文人雅士参与紫砂器创作

润如玉、素面素心的紫砂自明代问世即受到文人雅士的青睐，不少文人甚至直接参与壶艺创作。正如《阳羡砂壶图考》云：“文人胜事，偶尔寄兴。旁及壶艺，代有其人。”当然，有个别文人能亲自动手抟埴捏壶的。如清乾隆进士、曾任荆溪县令的陈文叙，就能制壶，传世作品有“小汉方壶”“牡丹壶”“树桩壶”“圆壶”“玉罼壶”等，另据称，陈曼生也曾手制“合欢壶”，他自己也说“余又爱壶，并亦有制壶之癖”，但这毕竟是极个别的。文人参与紫砂器创作的更多的是以下列方式。

一、设计新款，依式定制

明清时期，爱壶的文人会亲自或派人来宜定制砂壶。如明嘉靖进士、四川右布政使潘允端，为贺上海豫园“乐寿堂”落成在宜定制砂壶，底刻“会向瑶台月下逢 乐寿堂制”；陈曼生作宰溧阳，“公余之暇，辨别砂质，创制新样，手绘十八壶式，请杨彭年、邵二泉等制壶”，这就是名垂艺坛青史的“曼生壶”。上海名士、道光间贡生瞿子冶，喜好砂壶，自号“壶公”，常来宜定制砂壶，摹法曼生，制极精雅，他还请好友邓奎（字符生）到宜监造，而邓奎也爱壶，为子冶监制之余，自己也与名工合作制壶，其中瞿子冶传世作品中最负盛名的有号称“三绝壶”的“子冶石瓢”等。

还有的文人会延请紫砂名匠到家中当幕宾依式制壶。如明嘉万年间松江大儒陈眉公（继儒），曾请时大彬弟子蒋伯敷（后为其改名蒋伯夸）来家中制壶。传器有六角宫灯壶，上面还有其题写的四言诗四句，时称“双绝壶”。清康熙年间，浙江多位文人延请制壶名手陈鸣远制壶。“足迹所至，文人学士争相延揽，常至海盐，馆张氏之涉园，桐乡则汪柯庭家，海宁则陈氏、曹氏、马氏，多有其手作，而与杨中允交尤厚。”清同治翰林、广东巡抚吴大澂，曾请名手黄玉麟、赵松亭（东溪生）在吴县家中制壶，款署“愙斋”，以赠知交，有的还敬献宫廷。清末浙江文人、书法家梅调鼎不仅请名匠王东石、何心舟赴甬制壶，还建窑烧

梅花周盘套组　利永公司出品

成，史称“玉成窑”，其作品多为他们设计定制的文人茶具、雅玩等。此外，有据可查的设计新款、依式定制紫砂壶的著名明清文人还有赵宧光、董其昌、项元汴、黄彭年、伍元华等。

民国时期，文人参与紫砂形式更加多样，有的还创办陶瓷实业，直接经营紫砂企业、商号，如戴国宝开办了铁画轩、吴汉文经营吴德盛、陈元明创立陈鼎和、邵云如创办利永陶业公司等。他们除生产传统的高档紫砂壶，又不断创新造型、制作精品以满足上层人士的需求。20 世纪 30 年代，沪上收藏之风盛行，不少收藏家、古董商如龚怀希、汤临泽、郎玉书等分别将紫砂名手蒋彦亭（后带上侄女蒋蓉）、裴石民、王寅春、顾景舟等高薪延揽至上海，专心从事仿古。仿制的蓝本有古代名工传世遗器和其他高古文物，或参考图谱书刊，甚至还有古董商自己的设计，这批高仿作品非常精巧，丰富了紫砂造型，成为紫砂收藏的珍品，而这批艺人也因此而大开眼界，技艺精进，日后都成为一代名手，又为传承和创新造型打下了基础。这一时期名家众多，新品迭出。在文人、店主和艺人共同努力下，创作了一批精品，设计了新的造型，如大柿壶、掇球壶、

笑樱 利永公司出品

大东坡提梁壶、云龙鼎、竹节鼎等。紫砂先后五次参加世博会，频获大奖。

新中国成立后，为文人参与紫砂创造了更好的条件。美术学院组织师生下厂实习、提倡开门办学，工厂艺人则选优至艺术院校培训进修。专家教授与艺人多有合作，出现了许多精品佳作。如中央美院教授高庄设计、由顾景舟历十年精心琢磨创作出的提璧壶（茶具）、金陵画派画家亚明与王寅春合作“亚明方壶”、中央工艺美院张守智教授与汪寅仙合作的“曲壶”、著名画家韩美林与顾景舟合作的“此乐提梁壶”等，便是成功的范例。如今更有许多艺术院校毕业生直接投身壶艺创作创新，成为新一代高学历、有文化的壶艺生力军。

二、撰刻铭文，书画装饰

除设计、定制砂壶，文人参与紫砂更多的是篆刻壶铭，因为它可以记事、寓意、言志、寄情，而书画篆刻又是文人的拿手戏，因而最乐于此道，成为文人雅士参与壶艺的主要形式。

据说在砂壶上首创题铭、署款之举的是明万历年间普陀山白华庵僧人释如曜，他曾定制一卧轮紫砂大壶，盖内钤“白华庵”阳文小篆方印，底刻楷书铭四

景舟范曾仿古（复刻自利永紫砂博物馆藏顾景舟制范曾绘仿古壶）

行廿四字："清人树，涤心泉，茶三味，赵州禅。佛生日，丙申年，如曜铭，赠天然。"此铭切茗切情，茶禅一味，是如曜特意定制赠友并亲自构撰铭刻的。在书画铭刻方面，突破"择刻前人诗句而漫无鉴别"。而"切定茗壶并贴切壶形作铭者，实始于曼生"，曼生壶的壶铭，多为幕客所作，"亦有曼生自为之者"。加之他们精于书法、篆刻，刀法遒劲，以至有"壶以字贵，字依壶传"的美誉。略举几则：却月壶铭"月满则亏，置之座右，以为我规"；井栏壶铭"井养不穷，是以知汲古之功"等。其后又有朱坚、瞿子冶、梅调鼎等，他们继承曼生遗风，撰刻壶铭，切壶切形，书法精妙、韵味十足。如"范佳果，试槐火，不能七碗，兴来唯我"（朱坚圆角方础壶铭），"石古而臞，补天之余，壶中天小，石不厌巧"（瞿子冶圆珠壶铭），还有梅调鼎柱础壶铭文"久晴何日雨，问我我不语，请君一杯茶，柱础看君家"。博浪椎壶铭文"铁为之，砂抟之，彼一时，此一时"等都深刻隽永，妙趣横生。因为砂壶是用来泡茶品茗的，所以壶铭中内容最多的是切茶切茗，即与茶文化有关的：有引用茶诗茶联的，如"一杯清茗，可沁诗脾"，

刻绘子冶石瓢

利永公司出品

（复刻自利永紫砂博物馆藏瞿子冶刻绘石瓢壶）

合欢•回眸　利永公司出品

“黄金碾畔绿尘飞，碧玉瓯中素涛起”（以上时大彬铭），“茶香泉冽，玉壶无匹”（孟臣壶铭），“平台留小啜，余味得回春”（彭年壶铭），“共约试新茶，旗枪几时绿”（徐展堂铭）等；还有说到茶人的如“丹丘子饮之而成仙，卢仝陆羽何以知之”，“桐君之录尤重”，有说到名茶的如“八饼头纲，为鸾为凰，得雌者昌”（曼生壶铭），“石根泉，蒙顶叶，漱齿鲜，涤尘热”（沈子澈铭），有引用茶事典故的，“吃茶去，赵州禅”“寒夜客来茶当酒”“党姬未见此家风”“洞寻玉女餐石乳，颜色不老如婴儿”。

清末民初，在文人的积极参与推动下，砂壶铭刻蔚然成风，成为主流装饰，并最终形成陶刻这一专业分工，陶刻手还被尊称为“陶刻先生”。于是几乎所有紫砂陶都有书画陶刻，而且吸引了许多本地书画金石名家投身于此，如陈懋生、陈研卿、崔克顺、路兰舫等。前面提到的戴国宝、吴汉文、陈元明、邵云如，他们经营紫砂不但验坯顶真，自己还能操刀镌刻。至于社会名流参加书画陶刻的如蔡元培曾为定制紫砂花盆题诗铭刻“切玉圣手”，金石家潘稚亮曾为裴

帽筒一对　任淦庭　刻

石民平圆棋形壶题刻诗铭，又为朱可心参展世博会的竹节鼎刻“万年宝鼎”四字篆书。1948 年顾景舟亲制大石瓢 5 把，由沪上知名书画家吴湖帆、唐云、江寒汀等书画装饰，陶刻烧成更成为艺坛佳话，其传器在改革开放后都拍出了千万元的天价。

新中国成立后，尤其是改革开放以来，艺人与书画家、学者教授合作已是寻常事。上海的沈督毅与沪上书画家交往甚笃，在他的牵线搭桥下沪上程十发、谢稚柳、李可染等百余人都在壶上作画题词。1999 年在金陵画家亚明倡议下，全国百名书画家与名匠合作装饰百壶，成为紫砂艺坛一大盛事。

总之，在众多文化人的积极参与下，通过设计新款、依式定制、撰写铭文、书画篆刻，“托物寓意，每见巧思”，使紫砂壶充满了中国传统文化的哲学思想、文学气质、美学风采，散发出浓郁的书卷气、文人味，进一步弘扬了壶文化、茶文化，并形成了一种新的文化现象。

曼生十八式
利永公司出品

第二节　紫砂与茶文化的弘扬

品茶玩壶乃文人风雅之举，其定制砂壶除自己收藏把玩外，还会贻赠友朋，客观上又推广了宜兴紫砂。另外文人还著书立说、为紫砂壶和阳羡茶宣传扬名、树碑立传，兴之所至，还会歌之咏之，于是留下了许多脍炙人口的赞美紫砂和茗茶的诗词歌赋。正是有了文人的热情宣传，妙笔生花，才使宜兴紫砂和茶文化声名远扬。

一、收藏鉴赏，推广紫砂艺术

文人青睐紫砂，不仅自己品茗把玩，还贻赠朋友，扩大了紫砂的影响。如乾隆进士、荆溪县令唐仲冕，曾“仿古制壶并署之，贻赠友辈”，是一位先于曼生的“紫砂县令”，对发展紫砂作出了贡献。曼生在公余制壶，题铭镌字，其目的除了自己欣赏把玩外，主要也是送给同好，贻赠知交，其对壶艺的贡献被称为“时大彬后绝技，允推壶艺中兴”。明清以后，紫砂跻身于古董收藏之列，许多文人热衷收藏砂壶，如清嘉庆浙江文人张廷济，除收藏图书金石还喜好收藏紫砂，曾收得一把时大彬汉方壶，爱不释手，请人绘制拓图，又请众多文友一起欣赏作诗，汇编成《汉方壶拓本题咏册》并由吴骞题签《千载一时》。清初由于文人的推荐，紫砂进入宫廷，成为皇家御用之品，更使其身价百倍。

民国以后，在“十里洋场”的上海，名人紫砂受到雅士文人、金融大亨、演艺名流的追捧，三十年代一批收藏家、古董商延聘宜兴制壶好手在上海专事仿古，提升了宜兴紫砂的品位，开拓了这批艺人的眼界，造就了一批杰出紫砂人才。许多著名收藏家为我们留下传世紫砂精品，宜兴士绅储南强收藏了供春树瘿壶、圣思桃杯，并请名匠裴石民为缺盖树瘿壶配盖、为跛趾圣思桃杯配托。1952年他将包括这两件国宝紫砂在内的32件文物精品捐献国家，现分别珍藏于中国国家博物馆、南京博物院。海派画家唐云一生收藏许多紫砂珍品，其中有八把曼生壶最受其钟爱。他将画室“大石斋”命名为“八壶精舍”，后将紫砂珍品全部捐赠杭州博物馆。宜兴陶瓷实业家华荫棠慧眼识宝，收藏清代著名女艺人杨凤年两

井栏 何心舟制　利永紫砂博物馆藏

把壶——杨氏风卷葵、竹段壶，并先后躲过抗日战争时期日军掠夺和“文化大革命”时期“破四旧”，1984 年捐赠给宜兴陶瓷博物馆，成为该馆镇馆之宝。改革开放初期，香港企业家、收藏家罗桂祥先生来宜兴重金定制名人壶，并在香港及世界各地巡回展出名人壶，从而在港台等地掀起“紫砂热”，为宜兴紫砂走向世界起到推波助澜的作用。罗桂祥先生一生所藏紫砂精品后都捐赠给了香港茶具文物馆。以上这些均已成为紫砂史上的佳话。

二、著书题咏，弘扬壶茶文化

历代文人写了许多有关紫砂的专著，其中较为有名的有：明代周高起《阳羡茗壶系》、项墨林《历代名瓷图谱》，清代吴骞《阳羡名陶录》、张燕昌《阳羡陶说》、周容《宜兴瓷壶记》，奥兰田《茗壶图录》（日本），以及民国李景康、张虹

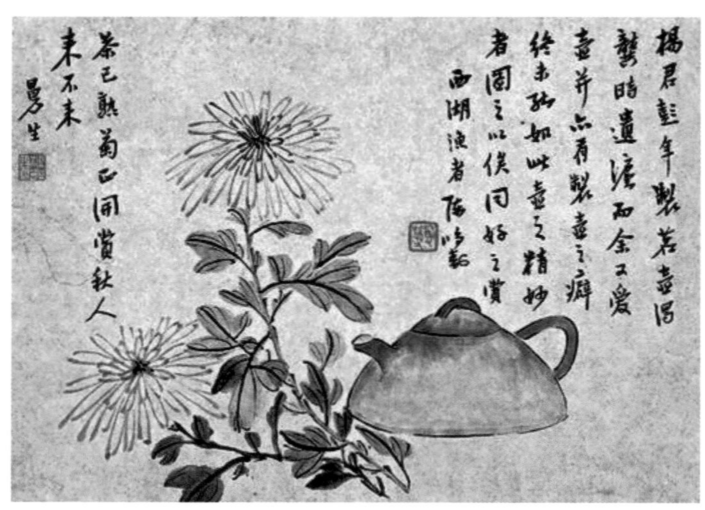

［清］陈曼生　壶菊图

《阳羡砂壶图考》，周润身、周幽东《宜兴陶器概要》等。这些专著、典籍以及散见于众多文人的笔记，文章中有关紫砂的记载论述，为我们了解、研究紫砂的历史、文化提供了珍贵的史料，并让我们记住了历代能工巧匠、名匠大家的名字、业绩。例如《阳羡茗壶系》是第一部紫砂历史典籍，分“神品”“正始”“大家”等，记录了自金沙寺僧、供春、时大彬至陈辰等 30 余名明代制壶名家；《阳羡名陶录》则又增加了明末清初徐令音、陈鸣远、惠孟臣等近 10 名制壶大家，且补充、订正了《茗壶系》中的一些错讹内容；而民国时期出版的《阳羡砂壶图考》，内容更丰富，列传考据“溯自明代正德，迄于清末宣统”其中创始 7 人、正传 13 人、另传 35 人、雅流 54 人、待考 35 人，共计 144 人。尤其可贵的在“雅流”中首次介绍了关心支持收藏参与壶艺的一大批文人，充分肯定了文人在提升发展紫砂壶艺方面的重要贡献。新中国成立后，尤其是改革开放以后，有关紫砂的论文、专著、图集画册乃至影视作品数不胜数，略举几例：《宜兴紫砂史》（刘汝醴著）、《紫砂陶器造型》（宜兴陶瓷公司）、《紫砂壶全书》（韩其楼著）、《宜兴紫砂》（梁白泉著）、《宜兴紫砂珍赏》（顾景舟主编）、《中国紫砂》（徐秀棠著）、《紫砂题咏赏析》（陈茆生著）等，仅在宜兴本地就有《江苏陶艺》

香港茶具博物馆

《宜兴紫砂》《壶中天地》《陶都》《紫砂汇》等期刊。影视作品则有电影《壶王》《顾景舟》以及正由中国文学艺术界联合会、中国艺术研究院、中国非物质文化遗产保护中心、百年巨匠（北京）文化传播有限公司等单位联合摄制，宜兴市中超利永紫砂陶有限公司投资拍摄的大型纪录片《百年巨匠》非遗篇首篇《百年紫砂》等。

由于紫砂壶是为茶而生、因茶而兴的，文人的著述里不可避免地会写到茶。著有《阳羡茗壶系》的周高起就同时著有《阳羡岕茶系》，记录了明代宜兴贡茶——岕茶的生长、品质及特点。在《茗壶系》中，也有许多壶与茶的精彩论述，如“壶供真茶，正在新泉活火，旋瀹旋啜，以尽色、声、香、味之蕴”等。清吴骞《阳羡名陶录》在“谈丛”中专门记述名家对壶茶文化的品读，如“茶壶以砂为上，盖既不夺香，又无熟汤气”（文震亨《长物志》）。再如民国时期的紫砂典籍《阳羡砂壶图考》不仅记录了紫砂名匠的姓名、传器，还记录了对紫砂做出贡献的文人雅士，更以“鉴赏丛话”的形式以“本艺”“妙用”“品鉴”“杂记”以及“琐记八则”“茶话八则”等详细阐述了壶与茶的关系，宣传了壶茶文化。

历代文人有关壶与茶的题咏诗词更是精彩纷呈，难以计数，仅在《阳羡茗壶

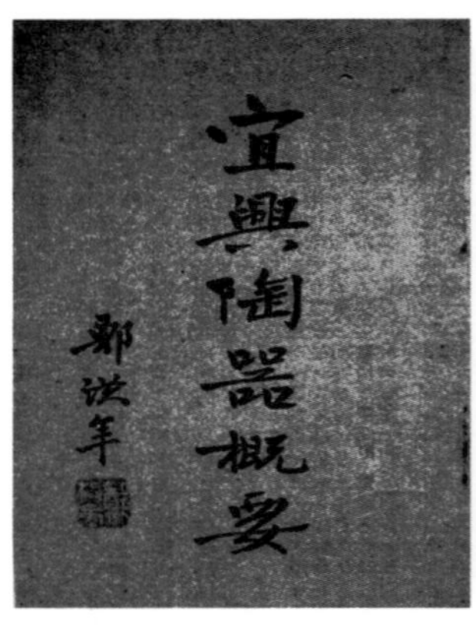

系》《阳羡名陶录》《阳羡砂壶图考》等典籍中就收录有代表性的诗作、乐府、辞赋等近百首。它们是紫砂文化宝库中的璀璨明珠、珍贵财富。这些诗词有如下特点：

（1）作者都是爱壶玩壶、精于鉴赏的书画诗文高手。如明代有：文学家、书画家“四大才子”之一的徐渭、“遗民诗人”林古度、曾任宜兴教谕的熊飞、著有《阳羡茗壶系》的周高起等；清代有：“阳羡词派”领袖陈维崧，工诗词书法山水的吴颐山族孙吴梅鼎，善诗词工书法的查慎行，学问渊博、工诗善画的汪文柏、扬州八怪中的汪士慎、郑板桥，长期旅居宜兴、著有《阳羡名陶录》的吴骞，工诗词、精金石学的张廷济等；而到民国时期，题咏的名人就更多了，如蔡元培、储南强、潘稚亮等，尤其是编著《阳羡砂壶图考》的两位作者李景康、张虹等，都是通诗画、富收藏的一时之秀。以上这些名流雅士，爱壶玩壶成癖，兴之所至，乃歌壶咏壶，所以这些诗词，完全是发自内心的真情流露，且出于名家之手，功力深厚，均为佳作。

（2）这些题咏热情地讴歌紫砂，歌颂紫砂名匠及其精湛壶艺，赞美紫砂壶独特的不可替代的宜茶功能。如称赞供春“宜兴妙手数供春”“巧思妙致惊神童”；赞美时大彬“一时千载姓名香”“天生时大能通神”；称赞陈鸣远“陈生一出发巧思”、“陈生陈生今绝伦”。称赞砂壶宜茶功能，如“世间茶具称为首”“瓷壶小样最宜茶”“一盏回余甘，清味托山茗”；形容砂壶珍贵的“泥沙贵重如珩

《百年巨匠》非遗篇首篇《百年紫砂》从立项、研讨、拍摄到后期制作，前后历时三年。于 2021 年 6 月在北京卫视、河北卫视、山东卫视、海南卫视、陕西卫视、山西卫视、四川卫视、上海纪实频道等十多家省级电视媒体首播，并在“学习强国”学习平台、爱奇艺、腾讯、B 站、搜狐等网络平台上线。2022 年 7 月又在中央广播电视总台 CGTN 纪录频道播出。2023 年登陆央视 CCTV−10、CCTV−12 连续多次播放。

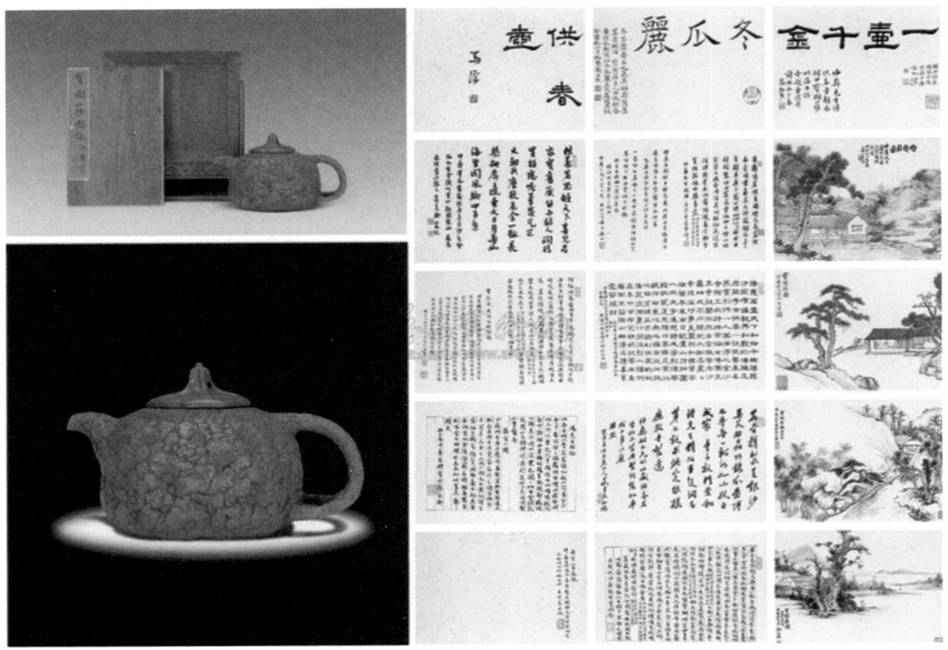
紫砂供春壶及名人赞咏

璜”“壶一把，千金价”“人间珠玉安足取，岂如阳羡溪头一丸土”，其中有的诗句已不胫而走，广为传诵，成为宜兴紫砂的“广告语”了。

（3）这些题咏中充分反映了文人对砂壶的欣赏品味和审美理念。他们崇尚古拙、提倡“毋巧宁拙”。如“尚陶延古意，排闷仰真茶”、“彬也沈郁并老健，沙粗质古肌理匀”、“春彬好手嗟难见，质古砂粗法尚存”。文人讲究朴雅的审美观念。如供春树瘿壶，有人以为丑，但在诗人眼里却是“石以丑见称，木岂瘿为赘”，而且对高手来说“绝技师造化，规矩自可废”。他们的生活中已离不开砂壶“安得携来偕砚北，注将勺水活波臣”，甚至认为抟砂制壶是一种人生哲学“世间万事犹抟砂”。

由于砂壶是为茶而生，因茶而兴，故诗词中不可避免地会歌颂茶文化。如“一壶贮满碧山岕，摩挲便觉胜饮醇”（陈维崧诗）、“他日来寻丙舍帖，春风还啜赵州茶”（吴骞诗）。而为周高起整理刊出《阳羡茗壶系》的清代文人、藏书家、诗人，同为江阴人的金武祥（原名则仁，字溎生，号粟香），在他的《陶庐

禅心茶盏 利永公司出品

杂忆》中，曾有一咏宜兴壶和茶的诗：

朴雅时壶重紫砂，曼生后起亦名家。

只愁煮出色香味，淡绝惟尝岕片茶。

对这诗他还作了详细解释：“宜兴产茗壶，以时大彬的壶及龚春所制为最古，周高起《阳羡茗壶系》论制壶有大家、名家之分。嘉道间，陈曼生出新意，令杨二泉所制者，号‘曼生壶’亦名于时。吾乡以宜兴磁壶及岕片茶并称。岕片亦产宜兴，两峰相阴介就夷旷者为岕。陈定生《秋园杂佩》云：岕片色香味三淡，初得口泊如耳，有间甘入喉，有间静入心脾，有间清入胃。嗟乎！淡者，道也。虽我士大夫知此者可屈指焉！”可见金武祥是既懂壶，又知茶。懂壶，他简述了小紫砂史上三位大家——供春、时大彬和陈曼生，他们代表紫砂的三个发展阶段，即初创（供春）、完善（时大彬）和中兴（陈曼生），且称供、时二位“最古”；而陈曼生的特点为“出新意”，堪称点评中肯精当；知茶，他对岕茶的特点，抓住了一个“淡”字，并引用陈定生的评价“淡者，道也”！

三生石系列（前世、今生、坦然）利永公司出品

因此，文人雅士对紫砂的题咏，是赞美紫砂的绝妙好词，更是研究紫砂的重要资料，值得我们仔细吟咏和深入研究，加以分析、鉴赏，品读文人对紫砂的审美品位、欣赏韵格、高雅情趣，挖掘诗外的收藏故事和社会影响，彰显其对紫砂发展的现实意义。例如，我们从明徐渭《阳羡壶瀹茗》的诗句“青箬旧封题谷雨，紫砂新罐买宜兴”中惊喜地看到“紫砂”二字，他很可能是历史上使用“紫砂”二字的第一人。

总之，文人的紫砂题咏不仅是托物寓意，陶冶性灵，抒发爱壶之情，也反映了当时的生活风情和社会面貌，是研究紫砂与茶的历史文化的珍贵资料。

综上所述，由于雅士名流参与壶艺而使其充满墨韵书香，而文人的宣传推介，使宜兴紫砂由“草根”的民间工艺华丽转身步入高雅的艺术殿堂，“见重艺林，视同珍玩”，壶与茶的完美结合中文人的倡导功不可没。或者可以这样说，宜兴紫砂艺术和茶文化的融合和繁荣的局面，壶与茶相结合的文化现象，是由有文化的艺人和爱紫砂的文人共同创造的。

旗袍壶系列（婀娜、雍容、曼妙）利永公司出品

第三节　生活方式的影响与改变

宜兴紫砂壶，造型朴雅、形制完美，工艺精湛、色泽妍茜，且有沏茶的实用价值，她为茶而生，因茶而兴。一经问世，便受到讲究生活品位，喜欢休闲品茗的文人雅士的关注、欣赏。他们“赏其朴雅，嘉其制作”。尽管在“万般皆下品，唯有读书高”的年代，作为“仕”的文人却“屈身下作”与“匠”多有交往，因而对艺人、对壶艺、对紫砂壶与茶文化的结合发展乃至对人们的生活方式、精神世界产生了深刻的影响。

一、文人审美，影响壶艺风格

文人的审美观念、品茗习俗，文人的韵格及对器物的鉴赏自不同凡俗，影响了壶艺制作，使紫砂壶充满文人雅趣。

一代壶艺宗师时大彬，“初自仿供春得手，喜作大壶，后游娄东，闻陈眉公与琅琊、太原诸公品茶试茶之论，乃作小壶”。也就是说，正是听了文人的意见，大彬的制壶风格才为之一变，由大壶改作小壶，并不断精雅化，开创了文人壶的先河。又如清初陈鸣远不仅“工制壶、杯、瓶、盒”，还创制紫砂文房雅玩，如梅根笔架、研屏、莲蕊水承等，显然这是为满足文人需要定制或听取文人意见后创作的。清嘉、道年间的陈曼生及其幕僚团队，他们个个都是诗、书、画、印的高手，设计的砂壶，式样典雅适古，多为简洁的几何造型，壶身光洁、面积拓大，宜书宜画，一扫当时繁缛妍巧之风，其诸多款式如石瓢、井栏、匏瓜、柱础、覆斗等成为经久不衰经典壶型。他们还亲自撰写铭文、操刀镌刻，在壶上饰以雄奇的书法，以致“壶从字贵，字以壶传”，“为时大彬后绝技，允称壶艺中兴”，其流风余韵一直延续至今，可见其对壶艺影响之深。民国时期文人创办企业，经营紫砂，研发新款，书画铭刻，并多次组织艺人创作紫砂新品到世博会参展，让紫砂走出国门走向世界，繁荣发展了宜兴紫砂陶业。新中国成立后，教授学者、陶艺专家、书画文人与紫砂艺人联手合作成为常态，创作了大批精品，学院派和现代陶艺理念深刻影响了传统壶艺，为紫砂发展注入了新的创作活力。

江南团扇 利永公司出品

汉尊醒酒器 利永公司出品

二、文化底蕴，提升艺人艺术修养

历史上艺人一般读书不多，文化不高，但由于与文人交往，近朱者赤，自身文化艺术修养不断提高。如文人延请紫砂艺人到家中作客制壶，不少艺人得以见识文人的珍贵藏品，如丹青字画和古董，开拓了艺人的眼界，有了借鉴的依托，激发了艺人的创作灵感；受文人潜移默化的影响，艺人提高了自己的文化修养，使作品书卷气渐浓，工匠气渐减。以艺人的刻字书法而论，一般艺人开始写字水平本不高，刻字署名往往要请人捉刀代笔。时大彬镌壶款识，“初倩能书者落墨，用竹刀画之”，后受文人影响，练习书法，“竟运刀成字，书法闲雅，在《黄庭》《乐毅》帖间，人不能仿，赏鉴家用以为别”。他后来在壶底还刻些茶诗茶句，如在张廷济收藏的汉方壶底镌“黄金碾畔绿尘飞，碧玉瓯中素涛起”右署“大宁堂”左署“时大彬”。这二十个字被张廷济赞为“削竹留铭廿字，居然楷法本《黄庭》”。不仅如此，他还将范仲淹咏茶这两句诗，略加改动，将“翠尘”改成“绿尘”、“绿涛”改为“素涛”，使品茗饮茶更加形象贴切，可见其文化素养之高。花货大师陈鸣远，“足迹所至，文人学士争相延揽”，他的文化素养大有提高，“书法雅健”“其款字有晋唐风格”，他还在壶腹镌刻铭文，曾在一壶上铭

卧虎

利永公司出品（蒋艺华复刻自利永紫砂博物馆藏高海庚制伏虎壶）

阳羡溪山紫砂汇

在阳羡溪山紫砂汇赏好壶、听戏曲、品佳茗

曰:“汲甘泉,瀹芳茗,孔颜之乐在瓢饮。”文人看了评价陈鸣远,“吐属亦不俗,岂隐于壶者与”。即认为他的谈吐举止,不同凡俗,是隐居做壶的文人。近来有人从陈氏家谱查得,鸣远曾在国子监读过书,后仕途无望乃以抟壶为生,其确乎是“隐于壶”的文人。

民国以后,陶工传习所、江苏省立初级陶瓷职业学校(简称“省宜陶”)先后开办,办学者均为文人,如校长王世杰、汪琛,都是日本留学生,讲授文史、书画、陶瓷等科的老师也大都学问渊博、教学尽责,并请名匠吴云根、朱可心等任辅导,师生作品曾赴世博会展出,先后培养了一批紫砂人才;新中国成立后,宜兴紫砂工艺厂,面向社会招生,开办紫砂工艺学习班,由任淦庭、裴石民、朱可心、吴云根、王寅春、顾景舟、蒋蓉等 7 艺人任技术辅导,学习

上海浦东紫砂汇

制壶技艺，县政府又选调老师，教授学员书法、绘画及政治、语文等文化课，培养了一大批高素质的紫砂骨干人才；进入改革开放新时期，许多书画陶艺家、大专院校毕业生直接从事壶艺，加之继续教育、进修培训，展览评比，职称评审等，紫砂业界人才济济，评为工艺师以上职称的逾千人，紫砂从业人员学历水平、文化素养大有提高。

文人雅趣影响紫砂壶艺。文人主“古拙质朴”，欣赏时大彬“不务妍媚而朴雅坚栗”的典重之风，提倡“宁拙毋巧”；同时文人也赞赏“精工极致”，欣赏陈鸣远的“制作精致，光润自露，薄如纸片，轻似鸿毛”。总之，文人雅士影响了

上海紫砂汇

紫砂壶艺，使紫砂壶由大变小、由粗变精、由俗变雅；文人又影响了艺人，使之开阔视野眼界，提升文化修养，从而使砂壶“精雅化”“别饶韵格”，充满了翰墨香、书卷气。紫砂壶艺与文人雅趣结下不解之缘后，从日用茶具变成赏用兼优、理趣结合的工艺品，由民间草根艺术登上高雅的艺术殿堂，成为大众喜爱、雅俗共赏，能满足人们物质和精神享受的日用工艺品和收藏把玩的艺术品。

结语

宜兴紫砂，这颗璀璨的艺术明珠，在漫长的历史长河中，历经无数次的磨砺与锤炼，才终于大放异彩，成为中国茶文化的瑰宝。在这个过程中，宜兴紫砂不仅承载着中华民族独特的审美情趣，更成了中国茶文化的重要载体。

宜兴紫砂的发展历程，与茶文化的发展紧密相连。茶，是一种精神享受，它不仅能够带给人们愉悦的口感，还能够让人们在品茗的过程中，感受到自然的清新与宁静。紫砂壶作为茶具中的佼佼者，它的出现不仅为茶文化的发展注入了新的活力，还为茶文化的传承与发展提供了丰富的素材。

宜兴紫砂的发展，离不开文人墨客的参与与推动。文人墨客们用他们的智慧与才华，赋予了紫砂壶更多的文化内涵。他们将紫砂壶作为自己的精神寄托，通过品茗与赏壶，表达自己对道的境界的追求。同时，紫砂壶也成了文人墨客们相互交流、切磋技艺的平台，为紫砂艺术的传承与发展提供了有力的支持。

在宜兴紫砂的发展过程中，宜兴紫砂与茶文化的完美结合，是其成为世界

妙华　利永公司出品

茶具之首的重要原因。紫砂壶的造型、材质、日用功能等方面，都展现出了中式美学的独特魅力。而紫砂壶与茶的适配性，更是让人们在品茗的过程中，感受到了紫砂壶的魅力所在。紫砂壶与茶的完美结合，不仅是一种生活美学的体现，更是一种对茶文化的传承与发扬。

此外，宜兴紫砂与茶文化的融合，也带来了新的文化现象。紫砂壶成了文人雅士们休闲养生的陶式生活的象征，随着壶、茶文化的融合和普及，玩壶饮茶已进入大众百姓日常生活，进而形成了新的文化现象。这种文化现象，既是紫砂壶与茶文化共同发展的成果，也是中国茶文化在新时代背景下的一种创新与传承。

宜兴紫砂与茶文化的发展，是一个相互促进、共同成长的过程。紫砂壶作为茶具中的佼佼者，承载着中华民族独特的审美情趣，成了茶文化的重要载体。在未来的发展中，我们应该继续关注宜兴紫砂与茶文化的融合与发展，让更多的人了解紫砂与茶文化的魅力，为中华优秀传统文化的传承与发展贡献力量。

利永紫砂
LIYONG
ZISHA YIXING CHINA

附录

紫砂壶项目检测报告（节选）

第一节 实验背景与目的

一、紫砂壶三种不同泥料及其特性的介绍

通过生化成分分析测定不同泥料紫砂壶冲泡六大茶类所得茶汤的主要成分含量，研究不同类型的紫砂壶对茶叶冲泡的影响，探究其内在机理。紫砂壶的兴起是在明代洪武年间，由于散茶的流行而带来的人们饮茶方式的改变，茶器也发生了变化，紫砂壶因其独特的材质美和“盏易冷易受凉”的缺点开始为人们所青睐。

紫砂壶发展至今种类繁多，且很多紫砂壶的作品都极具艺术造诣，制作紫砂壶的原料紫砂泥的种类，可粗略地分成红泥、紫泥和段泥。

二、影响茶叶品质的重要因素

良好的口感、怡人的香气均是评判茶叶品质的重要因素。其中，茶汤呈现出的独特滋味是由各种内含物质相互协调、彼此配合形成的综合效果。

茶多酚是茶叶中多酚类及其衍生物的总称，鲜叶中多酚类的含量一般在18%～36%（干重）；其中以儿茶素为主体的成分占多酚总量的70%～80%，是茶叶保健功能的首要成分，对茶叶色香味品质非常重要。多酚类物质的滋味特征是“苦涩”和“收敛”，不同儿茶素单体滋味也有所不同，简单儿茶素收敛性较弱，复杂儿茶素收敛性较强，在高含量下有苦味。茶多酚中的黄酮及黄酮苷类物质与绿茶茶汤的关系比较大。其在茶叶中含量比较低，因此在茶汤呈味中作用的相关研究不是很多。有研究表明，黄酮醇苷在红茶中呈柔和感涩味（干燥的口感），且阈值很低，是红茶中的主要涩味物质（而非儿茶素、茶黄素和茶红素），且其虽无苦味，但会对茶汤中咖啡碱的苦味有增强的作用。氨基酸是茶叶中的主要化学成分之一，是组成蛋白质的基本单位，也是活性肽和酶等一些生物活性分子的重要组成成分。茶叶氨基酸以茶氨酸的含量最高，占茶叶氨基酸总量的60%。氨基酸类物质的滋味特征是“鲜爽”，茶氨酸更是有鲜甜味和焦

糖香，在茶汤中能够缓解茶的苦涩味，增强鲜甜感，通常作为品质的重要评价因子之一。

在茶叶的生物碱中咖啡碱的含量最多，一般在 2% ～ 5%，是茶叶重要的滋味物质，具苦味，和茶黄素、茶红素形成的复合物具有鲜爽味。

茶叶中的可溶性糖占茶鲜叶干物质重的 1% ～ 2%，单糖和多糖是构成茶叶可溶性糖的主要成分，其在茶汤中的滋味特征是“甜醇”

此外，茶汤中的可溶性蛋白也会对茶汤有一定的影响。香气也是茶叶风味品质的重要属性，茶叶的芳香物质包括醇类、醛类、酯类、酮类、烷类等十余种类型的芳香物质，随着品种、生长环境、加工工艺等条件，茶叶香气组成和含量亦不同。

三、实验目的

众所周知，紫砂壶提倡“专壶专用”，即一把壶最好只用来泡一类茶，所以很多人在选购紫砂壶的时候会遇到这样的难题：如果想买一把壶专门泡白茶，该选用哪种泥料的壶呢？六大茶类的茶选用哪种泥料的壶，才能泡出其最佳滋味和香气？三种泥料制作而成的壶在泡六大茶类的时候，是否会有不同的效果？

所以本研究将通过对不同泥料制成的紫砂壶冲泡六大茶类，并且对壶泡茶汤的理化成分和香气进行检测以及感官审评，筛选出一个较为科学的结果，从而解答消费者选壶的难题，指导大家选择适合自己使用的紫砂壶。

第二节　材料与设备

一、材料

西湖龙井，滇红，白牡丹，铁观音，熟普，莫干黄茶，共6个茶样。

不同泥料的紫砂壶（紫泥—汉瓦、红泥—仿古大红袍、段泥—文成）。

二、检测内容

水浸出物率；可溶性蛋白质含量；游离氨基酸含量；可溶性糖含量；茶多酚含量；咖啡因含量；简单儿茶素含量；酯型儿茶素含量。

三、主要仪器

干燥皿、DGX-9073 B-Z电热恒温鼓风干燥箱（上海福玛实验设备有限公司）、Mettler Toledo AL 104电子天平、UV759S紫外可见分光光度计（上海精密科学仪器有限公司）、HH-6数显恒温水浴锅、岛津LC-2010HT液相色谱仪、GCMS-QP2010SE气相色谱-质谱联用仪（日本Shimadzu公司）、SH-Rxi-5Sil MS气相色谱柱（日本Shimadzu公司）、SPME手动进样手柄与50/30 μm DVB/CAR/PDMS纤维萃取头（美国Supelco公司）、DK-S28电热恒温水浴锅（上海三发科学仪器有限公司）、AL14电子天平（瑞士Mettler toledo公司）、20 ml精密螺纹玻璃瓶（德国CNW科技公司）。

四、主要试剂与制备

（1）化学试剂

茚三酮（分析纯）、考马斯亮蓝G-250（分析纯）、85%磷酸（分析纯）、浓硫酸（分析纯）、磷酸氢二钠（分析纯）、磷酸二氢钾（分析纯）、碳酸氢钠（分析纯）、95%乙醇（分析纯）、无水乙醇（分析纯）、无水甲醇（分析纯）、福林酚（分析纯）、甲醇（色谱纯）、冰乙酸（分析纯）、乙腈（色谱纯）、水（H_2O，为实验室一级用水，电导率（25℃）为0.01mS/m）。

（2）试剂制备

磷酸缓冲液（pH=8.04）：称取 0.227g 磷酸二氢钾（烘干后）、11.3525g 十二水磷酸氢二钠（$Na_2HPO_4 \cdot 12H_2O$），混合于 500ml 容量瓶中，蒸馏水定容。

2% 茚三酮试剂：1g 茚三酮加 25ml 蒸馏水，40mg$SnCl_2 \cdot 2H_2O$，搅拌混匀过滤，滤液暗处放置一昼夜，定容至 50ml，存于暗处。

考马斯亮蓝溶液：100mg 考马斯亮蓝 G–250，溶于 50ml 95% 乙醇，加入 100ml 85%（w/v）的磷酸，蒸馏水定容至 1000ml，棕色试剂瓶避光保存。

2mg/ml 蒽酮溶液：称取 200mg 蒽酮，用 100ml 浓硫酸溶解。（棕色瓶现配现用）

3.3mg/ml 蒽酮溶液：称取 330mg 蒽酮，用 100ml 浓硫酸溶解。（棕色瓶现配现用）

2.5% 碳酸氢钠溶液：称取 2.5g 碳酸氢钠用蒸馏水溶解并定容至 100ml。

70% 甲醇：量取无水甲醇和蒸馏水按 70 ∶ 30 比例配置。（棕色瓶现配现用）

10% 福林酚：量取 25ml 福林酚转移至 250ml 容量瓶，蒸馏水定容。（棕色瓶现配、避光储存）

流动相 A 相：水：乙腈：乙酸 =96.5 ∶ 3 ∶ 0.5（v）

流动相 B 相：水：乙腈：乙酸 =69.5 ∶ 30 ∶ 0.5（v）

（3）标准品

没食子酸；咖啡碱（海南群力药业有限公司）；GA（国药集团）；GC（sigma）；EGC（sigma）；C（sigma）；EC（sigma）；EGCG（sigma）；GCG（sigma）；ECG（sigma）；CG（sigma）。

（4）标准液制备

GA：0.10 mg/ml；Caffeine：0.100 mg/ml；GC：0.10 mg/ml；EGC：0.13 mg/ml；C：0.13 mg/ml；EC：0.10 mg/ml；EGCG：0.10 mg/ml；EGCG：0.10 mg/ml；ECG：0.15mg/ml；CG：0.1 0mg/ml。

第三节 实验方法与步骤

一、样品处理信息

1min 茶汤制备：称取 5.60g 干茶样（精确至 0.01g）于紫砂壶中→加沸蒸馏水 280ml →静置 1min →趁热减压过滤（两层滤纸），紫砂壶内茶汤出尽→冷却后得到冲泡 1min 茶汤。（用于测定水浸出物、可溶性蛋白、游离氨基酸、可溶性糖）。

3min 茶汤制备：将制备 1min 茶汤的紫砂壶（含茶叶）放至室温→加沸蒸馏水 280ml →静置 2min →趁热减压过滤（两层滤纸），紫砂壶内茶汤出尽→冷却后得到冲泡 3min 茶汤。

5min 茶汤制备：将制备 3min 茶汤的紫砂壶（含茶叶）放至室温→加沸蒸馏水 280ml →静置 2min →趁热减压过滤（两层滤纸），紫砂壶内茶汤出尽→冷却后得到冲泡 5min 茶汤。

二、常规内含成分测定

取洁净铝质烘皿及盖于干燥箱 120℃恒温预烘 1h，取出放置于干燥皿中冷却至室温，称盒重。

称取 1.0g 左右的实验样品，放置上述洁净铝质烘皿中于 120℃烘烤 1h 后称量，重复烘烤至恒重，以最小量为准。做 3 次重复，每 100g 差值 <0.2g。结果以百分率表示。

（1）水浸出物测定（方法参考 GB/T 8305-2013 [4]）

取洁净培养皿（标号）于干燥箱 120℃恒温预烘 1h，取出置于干燥皿中冷却至室温，称量盒重（m_0）。取 20ml 茶汤于培养皿中，沸水上蒸至干，然后移至 120℃烘箱，烘干 1h，于干燥器内冷却至室温称重（m_1）。（m_1-m_0）即 20ml 茶汤中水浸出物的质量。

（2）可溶性蛋白质测定（考马斯亮蓝比色法 [5]）

取 0.1ml 浸提液或 0.1ml 蒸馏水，加入 3ml 考马斯亮蓝溶液，充分混匀，避光放置 6min 后，以空白为对照 595nm 处测定其吸光值。

（3）游离氨基酸测定（茚三酮比色法，方法参考 GB/T 8314-2013 [6]）

准确吸取 1.0ml 测试液于 25ml 刻度试管中→ 0.5ml 磷酸盐缓冲液和 0.5ml 2% 茚三酮溶液→摇匀后沸水浴 15min →取出冷却后用蒸馏水定容至 25ml →放置 10min → 10mm 石英比色皿 570nm 波长条件下测定吸光值 A，以蒸馏水代替茶汤做空白对照。（若吸光值偏大，则适当稀释茶汤）

（4）可溶性糖测定（蒽酮硫酸法，方法参考 GB/T 8305-2013 [4]）

茶汤稀释适当的倍数（5 倍左右，试具体情况而定），取 1ml 茶汤 + 8ml 2mg/ml 蒽酮浓硫酸溶液，沸水浴 7min，立即冰浴冷却，放置 10min。620nm 处测吸光值，以蒸馏水代替茶汤做空白对照调零。

（5）茶多酚测定（福林酚比色法 GB/T 8313-2018 [7]）

用 1.0ml 移液枪分别移取 1.0ml 测试液和蒸馏水于 10ml 刻度试管 →分别加 5.0ml 10% 的福林酚试剂 → 摇匀反应 5min → 加 4.0ml 7.5% $NaCO_3$ 溶液摇匀 →室温下放置 60min →用 10mm 石英 / 玻璃比色皿在 765nm 波长条件下用分光光度计测定吸光度，对照标准曲线计算多酚含量。

（6）黄酮总量测定（三氯化铝比色法 [8]）

茶汤 1ml 茶汤 + 4ml 蒽酮浓硫酸溶液，立即摇匀，沸水浴 7min，立即冰浴冷却，放置 10min。620nm 处测吸光值，以蒸馏水代替茶汤做空白对照调零。

三、咖啡碱及儿茶素含量测定方法（HPLC 法）

（1）高效液相色谱检测

色谱柱：Wondasil C18-WR 柱，5μ，250×4.6mm

柱温：15℃

检测器：紫外检测器

检测波长：280nm

流动相：A 相－乙酸：乙腈：水 =0.5 ：3 ：96.5（V ：V ：V）

B 相－乙酸：乙腈：水 =0.5 ：30 ：69.5（V ：V ：V）

洗脱梯度：0 ～ 40 min，B 相从 30% ～ 85%，

40 ～ 70 min，B 相从 85% ～ 85%，共 80 min。

进样量：10 μl

流速：1.0ml/min

四、SPME-GC-MS 检测香气方法

（1）样品制备

常规样品处理：精确称取 2g 茶样 + 6ml 沸水于 20ml 顶空瓶；实验组样品处理：另取三种泥料制成的紫砂壶，分别沸水浸提茶样 5min，取 6ml 现萃茶汤于 20ml 顶空瓶；均 60℃平衡 5min，用 50/30 μ m（DVB/PDMS）SPME 萃取头吸附其中的挥发性化合物 60℃萃取吸附 60min，GC-MS 解析 3min。

（2）GC-MS 分析

GC 条件：进样口温度 250℃，色谱住为 HP-5（30m × 0.25mm × 0.25 μ m）；载气为高纯氦（纯度为 99.999 %），柱流量为 1ml/in ；升温程序为：50℃保持 10min，以 3℃ /min 的速度升到 150℃，保持 5min ；再以 10℃ /min 的速度升温至 230℃，保持 3min。

MS 条件：离子源温度 220℃，电离方式 EI，电子能量 70EV，扫描质量范围 m/z 40-500，扫描模式为 Scan。

进样方式：不分流进样，热解吸附时间 3min，溶剂延迟时间 0min。

（3）定性分析

通过计算机检索与 NIST-17 质谱库提供的标准质谱图进行对照，并参照已发表的质谱图、保留时间等指标鉴定芳香物质的分子量和化学结构。

五、感官审评

本工作由来自浙江大学茶学系的 8 名师生共同完成。采用国家标准的审评专用杯碗，准确称取 5.6g 茶样，按 1 ： 50 的茶水比在三种不同泥料的壶（红泥、紫泥、段泥）进行冲泡，冲泡三次（第一次浸泡 1min 出汤，待壶冷却至室温后冲泡第二次，第二次 2min 出汤；待壶冷却至室温后冲泡第三次，第三次 2min 出汤）。将茶汤倒入审评碗中，看汤色、闻香气，然后评滋味，总分数的评比权数为香气 0.2、汤色 0.2、滋味 0.6，折算成百分数。

六、统计分析

所有实验重复三次。实验数据采用 EXCEL2010、SPSS 统计软件进行显著性分析，利用 SIMCA-P 11.5 以壶的泥料对实验结果分组进行 PLS-DA 分析。

第四节　结果与分析

一、茶叶水浸出物测定结果

检测茶样水浸出物率如表 4–1 所示：

表 4–1　茶样水浸出物（%）

出汤时间（min）	茶类名称	红泥	紫泥	段泥
1	西湖龙井	8.29 ± 0.27	8.42 ± 0.37	8.22 ± 0.49
3		10.50 ± 0.46	11.27 ± 0.55	11.35 ± 0.53
5		7.15 ± 0.18	7.27 ± 0.33	7.48 ± 0.32
累计		25.94 ± 0.71	26.95 ± 0.53*	27.05 ± 0.14*
1	莫干黄茶	7.38 ± 0.15	8.98 ± 0.71	9.05 ± 0.77
3		12.03 ± 0.70	12.71 ± 0.51	14.36 ± 1.81
5		9.11 ± 0.51	8.78 ± 0.25	8.27 ± 0.88
累计		28.51 ± 0.39	30.47 ± 0.79*	31.69 ± 1.30*
1	白牡丹	4.53 ± 0.79	5.72 ± 0.12	5.47 ± 0.23
3		11.02 ± 0.26	10.60 ± 0.64	11.59 ± 0.17
5		8.01 ± 0.60	7.66 ± 0.26	7.91 ± 0.72
累计		23.56 ± 0.96	23.97 ± 0.43	24.98 ± 0.59
1	熟普	5.47 ± 0.05	5.86 ± 0.65	6.06 ± 0.29
3		10.60 ± 0.62	9.34 ± 0.07	10.84 ± 0.24
5		6.08 ± 0.67*	6.21 ± 0.04*	5.93 ± 0.48
累计		22.15 ± 1.30	21.41 ± 0.74	22.83 ± 0.11

续表

出汤时间（min）	茶类名称	红泥	紫泥	段泥
1	凤庆红茶	4.98 ± 0.21	5.94 ± 0.22	5.64 ± 0.59
3		10.51 ± 0.32	11.21 ± 0.49	12.57 ± 0.98
5		6.46 ± 0.18	5.98 ± 0.18	5.58 ± 0.45
累计		21.95 ± 0.42	23.13 ± 0.80*	23.78 ± 1.91*
1	铁观音	3.96 ± 0.29	3.99 ± 0.41	3.30 ± 0.42
3		5.90 ± 0.44	5.81 ± 0.02	6.16 ± 0.74
5		6.35 ± 0.80	6.25 ± 0.31	6.34 ± 0.73
累计		16.21 ± 0.48	16.05 ± 0.44	15.80 ± 0.53

在三种不同泥料的壶冲泡条件下，六大茶类茶汤中水浸出物的浓度如图 4-1 所示。结果表明，西湖龙井、蒙顶黄茶、白牡丹、熟普、凤庆红茶这四种茶的水浸出物均段泥壶最高。铁观音用红泥壶冲泡水浸出物最高。

对于西湖龙井而言：用紫泥壶和段泥壶冲泡水浸出物显著高于红泥，用段泥壶冲泡的水浸出物高于紫泥，但无显著性差异；

对于莫干黄茶而言：用段泥壶冲泡水浸出物显著高于用其他两种壶，且用紫泥壶冲泡的水浸出物显著高于用红泥壶冲泡；

对于白牡丹而言：不同壶冲泡水浸出物浓度从高到低分别是段泥、紫泥、红泥，但均无显著性差异；

对于熟普而言：用红泥壶和段泥壶冲泡的水浸出物显著高于用紫泥壶；

对于凤庆红茶而言：用紫泥壶和段泥壶冲泡的水浸出物显著高于用红泥壶；

对于铁观音而言：不同壶冲泡水浸出物浓度从高到低分别是红泥、紫泥、段泥，但均无显著性差异。

从图 4-1 的结果来看，不同壶冲泡六大茶类茶汤的水浸出物浓度不同，总体来讲用段泥壶冲泡茶的水浸出物浓度较高。

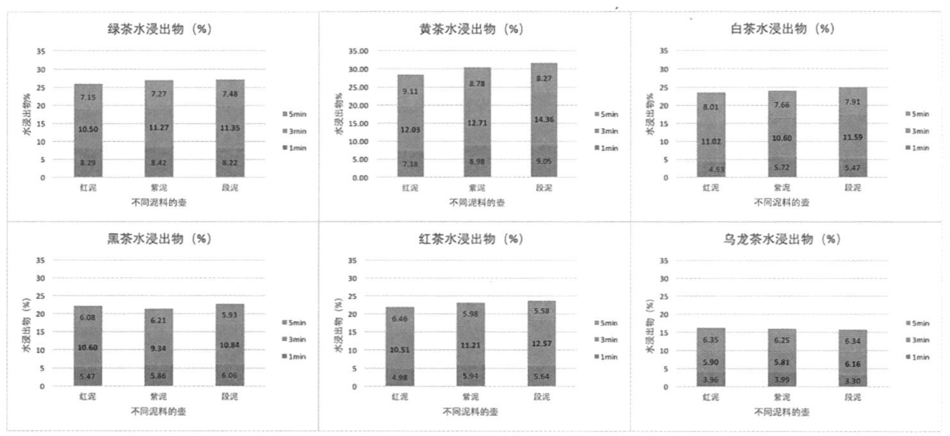

图 4-1　六大茶类三种壶水浸出物泡出率（%）

二、茶多酚测定结果

以没食子酸作标准曲线，茶多酚含量与其相比较，如图 4-2：

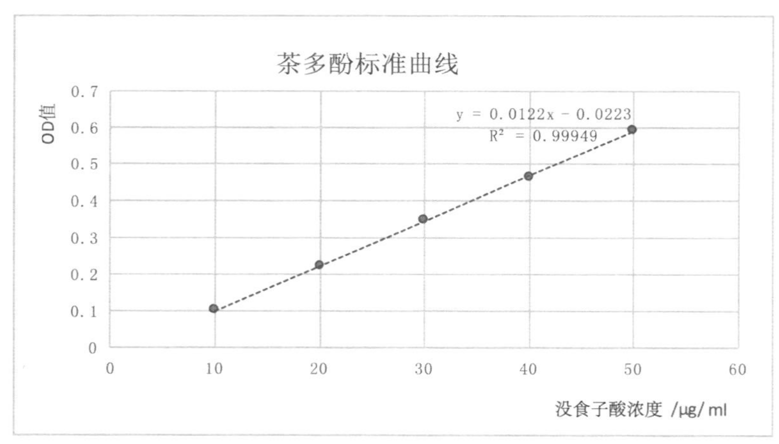

图 4-2　福林酚法茶多酚标准曲线

注：茶多糖标准曲线回归方程为 Y=0.0122X−0.0223（R2=0.99949）；X 轴为没食子酸浓度（μg/ml），Y 轴为吸光度

检测茶样中茶多酚的含量如表 4-2 所示：

表 4-2 茶样茶多酚浸出率(%)

出汤时间(min)	茶类名称	红泥	紫泥	段泥
1	西湖龙井	2.65 ± 0.05	2.56 ± 0.11	2.42 ± 0.19
3		3.53 ± 0.23	3.83 ± 0.20	3.91 ± 0.10
5		2.77 ± 0.12	2.81 ± 0.17	2.81 ± 0.10
累计		8.95 ± 0.29	9.21 ± 0.04	9.13 ± 0.26
1	莫干黄茶	1.89 ± 0.04	2.08 ± 0.19	2.42 ± 0.16
3		3.49 ± 0.28	3.67 ± 0.06	3.46 ± 0.42
5		3.62 ± 0.14	3.64 ± 0.17	3.34 ± 0.19
累计		8.99 ± 0.46	9.39 ± 0.14	9.21 ± 0.29
1	白牡丹	1.01 ± 0.12	1.09 ± 0.04	1.13 ± 0.01
3		2.17 ± 0.07	2.09 ± 0.14	2.47 ± 0.22
5		4.27 ± 0.18	3.82 ± 0.28	4.38 ± 0.43
累计		7.45 ± 0.26	7.00 ± 0.43	7.97 ± 0.64
1	熟普	1.08 ± 0.03	1.13 ± 0.09	1.16 ± 0.05
3		1.95 ± 0.14	1.94 ± 0.04	2.21 ± 0.10
5		1.58 ± 0.07	1.52 ± 0.06	1.63 ± 0.88
累计		4.61 ± 0.17	4.58 ± 0.17	5.00 ± 0.15
1	凤庆红茶	0.85 ± 0.07	0.96 ± 0.03	0.82 ± 0.13
3		1.76 ± 0.07	1.76 ± 0.08	1.83 ± 0.00
5		1.93 ± 0.10	1.72 ± 0.04	1.47 ± 0.09
累计		4.55 ± 0.19	4.44 ± 0.13	4.13 ± 0.45
1	铁观音	0.64 ± 0.03	0.67 ± 0.04	0.54 ± 0.03
3		1.24 ± 0.00	1.18 ± 0.03	1.21 ± 0.09
5		1.40 ± 0.08	1.60 ± 0.07	1.63 ± 0.05
累计		3.28 ± 0.13	3.45 ± 0.24	3.38 ± 0.33

在三种不同泥料的壶冲泡条件下，六大茶类茶汤中茶多酚溶出浓度如图 4-3 所示。

对于西湖龙井而言：用段泥壶冲泡茶汤茶多酚的浸出浓度显著高于用红泥壶冲泡；

对于莫干黄茶而言：用段泥壶和紫泥壶冲泡茶汤茶多酚的浸出浓度显著高于用红泥壶冲泡；

对于白牡丹而言：用紫泥壶和段泥壶冲泡茶汤中茶多酚的浸出浓度显著高于红泥壶；

对于熟普而言：不同壶冲泡茶汤中茶多酚的浸出浓度从高到低分别是段泥、

红泥、紫泥，且三者之间均有显著性差异；

对于凤庆红茶而言：不同壶冲泡茶汤中茶多酚的浸出浓度从高到低分别是段泥、紫泥、红泥，且三者之间均无显著性差异；

对于铁观音而言：用紫泥壶和段泥壶冲泡茶汤中茶多酚的浸出浓度显著高于红泥壶。

从图 4-3 的结果来看，不同壶冲泡六大茶类茶汤中茶多酚浸出浓度不同，其中西湖龙井、莫干黄茶、铁观音用紫泥壶冲泡茶汤中茶多酚浸出浓度最高，白牡丹、熟普用段泥壶冲泡茶汤中茶多酚浸出浓度最高，凤庆红茶用红泥壶冲泡茶汤中茶多酚浸出浓度最高，但三种壶之间无显著性差异。

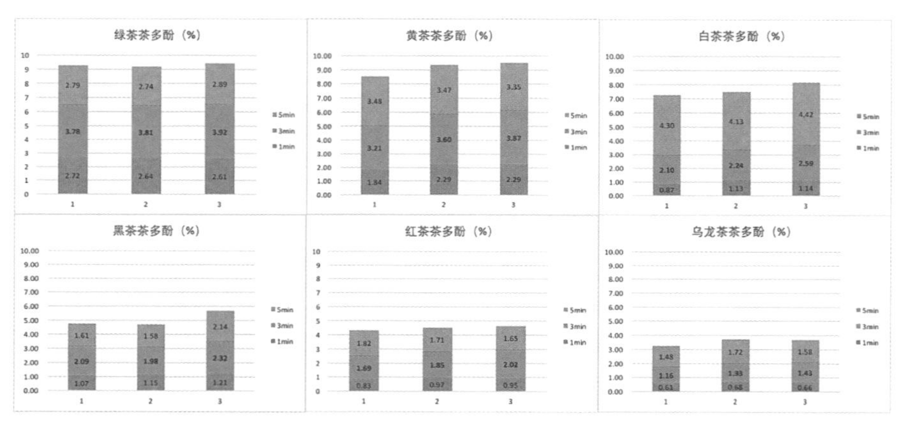

图 4-3　六大茶类三种紫砂壶的茶多酚溶出率（%）

三、HPLC 法测定儿茶素、咖啡碱含量的结果

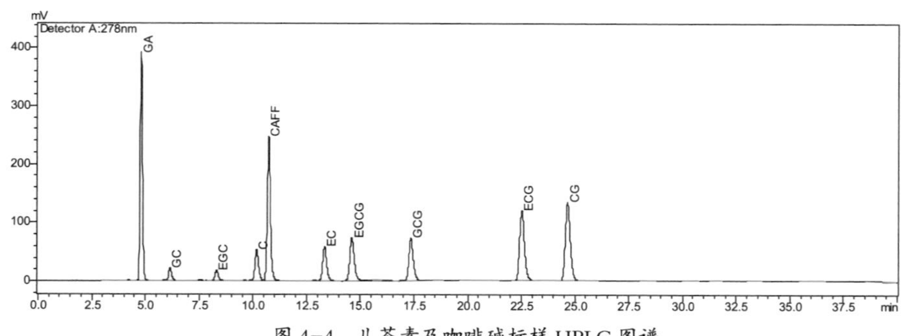

图 4-4　儿茶素及咖啡碱标样 HPLC 图谱

表 4-3　HPLC 检测西湖龙井茶汤儿茶素含量（%）

出汤时间（min）	红泥				紫泥				段泥			
	1	2	3	累计	1	2	3	累计	1	2	3	累计
GC	0.31	0.40	0.29	1.00	0.29	0.40	0.28	0.97	0.27	0.39	0.30	0.96
EGC	1.75	2.61	1.86	6.22	1.70	2.58	1.82	6.10	1.63	2.64	1.90	6.17
C	0.77	1.27	0.90	2.94	0.74	1.22	0.87	2.83	0.70	1.25	0.92	2.87
EC	0.47	0.82	0.62	1.91	0.45	0.80	0.58	1.83	0.44	0.83	0.64	1.91
简单儿茶素	3.30	5.10	3.67	12.07	3.18	5.00	3.55	11.73	3.04	5.11	3.76	11.91
EGCG	2.25	2.82	1.84	6.91	2.20	2.77	1.74	6.71	2.05	2.80	1.86	6.71
GCG	0.10	0.34	0.25	0.69	0.11	0.34	0.24	0.69	0.11	0.34	0.25	0.70
ECG	0.54	0.79	0.55	1.88	0.53	0.80	0.54	1.87	0.49	0.80	0.57	1.86
CG	0.04	0.05	0.03	0.12	0.04	0.05	0.03	0.12	0.03	0.05	0.03	0.11
酯型儿茶素	2.93	4.00	2.67	9.60	2.88	3.96	2.55	9.39	2.68	3.99	2.71	9.38
总和	6.23	9.10	6.34	21.67	6.06	8.96	6.10	21.12	5.72	9.10	6.47	21.29

表 4-4　HPLC 检测莫干黄茶茶汤儿茶素含量（%）

出汤时间（min）	红泥				紫泥				段泥			
	1	2	3	累计	1	2	3	累计	1	2	3	累计
GC	1.01	1.70	1.51	4.22	1.38	1.98	1.00	4.36	1.37	2.13	0.97	4.46
EGC	0.53	1.02	0.93	2.48	0.66	1.06	0.88	2.60	0.66	1.18	0.86	2.69
C	0.22	0.44	0.45	1.10	0.30	0.52	0.47	1.28	0.30	0.57	0.45	1.32
EC	0.13	0.22	0.19	0.54	0.15	0.23	0.18	0.56	0.15	0.26	0.18	0.58
简单儿茶素	1.89	3.37	3.07	8.33	2.49	3.79	2.53	8.80	2.48	4.13	2.45	9.05
EGCG	1.16	2.24	2.29	5.68	1.55	2.67	2.34	6.55	1.52	2.79	2.18	6.49
GCG	0.17	0.42	0.30	0.89	0.20	0.34	0.31	0.85	0.21	0.37	0.30	0.88
ECG	0.16	0.33	0.36	0.85	0.23	0.40	0.38	1.01	0.22	0.43	0.35	1.00
CG	0.00	0.01	0.01	0.01	0.00	0.01	0.01	0.01	0.00	0.01	0.01	0.01
酯型儿茶素	1.49	2.99	2.95	7.42	1.98	3.41	3.03	8.41	1.95	3.59	2.83	8.37
总和	3.37	6.36	6.02	15.75	4.46	7.20	5.55	17.21	4.42	7.72	5.28	17.41

表 4-5　HPLC 检测白牡丹茶汤儿茶素含量（%）

出汤时间（min）	红泥				紫泥				段泥			
	1	2	3	累计	1	2	3	累计	1	2	3	累计
GC	0.11	0.29	0.20	0.59	0.17	0.28	0.18	0.63	0.16	0.30	0.20	0.65
EGC	0.19	0.40	0.30	0.89	0.21	0.30	0.29	0.79	0.26	0.36	0.31	0.92
C	0.15	0.51	0.56	1.22	0.21	0.58	0.55	1.33	0.20	0.65	0.56	1.41
EC	0.02	0.09	0.10	0.21	0.02	0.10	0.09	0.21	0.02	0.11	0.10	0.23
简单儿茶素	0.47	1.28	1.16	2.90	0.60	1.25	1.10	2.95	0.63	1.41	1.16	3.20
EGCG	0.38	1.20	1.05	2.62	0.51	1.09	0.91	2.51	0.51	1.29	1.04	2.83
GCG	0.03	0.10	0.13	0.25	0.04	0.14	0.12	0.29	0.04	0.16	0.13	0.32
ECG	0.07	0.23	0.24	0.53	0.09	0.25	0.23	0.57	0.09	0.29	0.25	0.62
CG	0.01	0.01	0.01	0.03	0.01	0.01	0.01	0.02	0.01	0.01	0.01	0.03
酯型儿茶素	0.47	1.53	1.42	3.41	0.65	1.49	1.26	3.39	0.64	1.74	1.43	3.80
总和	0.94	2.81	2.57	6.31	1.25	2.74	2.36	6.34	1.27	3.15	2.58	6.99

表 4-6　HPLC 检测熟普茶汤儿茶素含量（%）

出汤时间（min）	红泥				紫泥				段泥			
	1	2	3	累计	1	2	3	累计	1	2	3	累计
GC	0.78	1.29	0.85	2.91	0.81	1.31	0.80	2.91	0.81	1.32	0.78	2.91
EGC	0.06	0.12	0.06	0.23	0.05	0.11	0.05	0.21	0.05	0.12	0.06	0.23
C	0.01	0.02	0.01	0.04	0.01	0.02	0.01	0.04	0.01	0.02	0.01	0.04
EC	0.04	0.08	0.05	0.16	0.03	0.07	0.05	0.14	0.04	0.08	0.05	0.16
简单儿茶素	0.88	1.50	0.96	3.33	0.90	1.50	0.90	3.29	0.91	1.53	0.89	3.33
EGCG	0.01	0.01	0.01	0.02	0.01	0.01	0.01	0.02	0.01	0.01	0.01	0.02
GCG	0.00	0.01	0.01	0.01	0.00	0.01	0.01	0.01	0.00	0.01	0.01	0.01
ECG	0.01	0.01	0.01	0.02	0.01	0.01	0.01	0.02	0.01	0.01	0.01	0.02
CG	0.01	0.01	0.01	0.03	0.01	0.01	0.01	0.03	0.01	0.02	0.01	0.03
酯型儿茶素	0.02	0.03	0.03	0.08	0.02	0.03	0.03	0.07	0.02	0.04	0.02	0.07
总和	0.90	1.53	0.99	3.41	0.92	1.52	0.93	3.36	0.92	1.57	0.91	3.40

表 4-7 HPLC 检测凤庆红茶茶汤儿茶素含量（%）

出汤时间（min）	红泥				紫泥				段泥			
	1	2	3	累计	1	2	3	累计	1	2	3	累计
GC	0.51	0.89	0.75	2.14	0.56	0.99	0.67	2.22	0.53	1.05	0.63	2.20
EGC	0.14	0.35	0.37	0.86	0.15	0.35	0.35	0.85	0.16	0.54	0.35	1.05
C	0.08	0.22	0.22	0.51	0.07	0.22	0.21	0.50	0.08	0.26	0.20	0.54
EC	0.03	0.07	0.07	0.17	0.04	0.08	0.07	0.18	0.04	0.09	0.07	0.19
简单儿茶素	0.76	1.52	1.41	3.68	0.82	1.64	1.29	3.74	0.80	1.93	1.24	3.97
EGCG	0.01	0.01	0.01	0.03	0.01	0.02	0.01	0.03	0.01	0.02	0.01	0.04
GCG	0.01	0.01	0.01	0.02	0.01	0.01	0.01	0.02	0.01	0.01	0.01	0.02
ECG	0.02	0.05	0.06	0.12	0.02	0.06	0.05	0.13	0.03	0.06	0.05	0.13
CG	0.01	0.04	0.01	0.05	0.02	0.04	0.01	0.06	0.01	0.01	0.01	0.02
酯型儿茶素	0.04	0.10	0.08	0.21	0.05	0.11	0.07	0.23	0.04	0.09	0.07	0.20
总和	0.80	1.61	1.48	3.89	0.87	1.75	1.36	3.97	0.84	2.02	1.31	4.17

表 4-8 HPLC 检测铁观音茶汤儿茶素含量（%）

出汤时间（min）	红泥				紫泥				段泥			
	1	2	3	累计	1	2	3	累计	1	2	3	累计
GC	0.02	0.09	0.08	0.18	0.02	0.12	0.13	0.26	0.02	0.09	0.11	0.21
EGC	0.13	0.72	0.88	1.72	0.13	0.71	0.98	1.82	0.13	0.74	0.97	1.83
C	0.01	0.04	0.04	0.08	0.01	0.05	0.06	0.11	0.01	0.04	0.05	0.09
EC	0.03	0.12	0.16	0.30	0.03	0.13	0.17	0.33	0.03	0.13	0.17	0.32
简单儿茶素	0.18	0.96	1.14	2.28	0.18	1.00	1.33	2.51	0.17	0.98	1.29	2.44
EGCG	0.11	0.62	0.67	1.40	0.12	0.66	0.84	1.61	0.11	0.63	0.79	1.52
GCG	0.00	0.01	0.01	0.02	0.00	0.01	0.02	0.03	0.00	0.01	0.01	0.02
ECG	0.02	0.08	0.08	0.17	0.02	0.09	0.11	0.21	0.02	0.08	0.10	0.19
CG	0.00	0.01	0.00	0.01	0.00	0.00	0.01	0.01	0.00	0.00	0.01	0.01
酯型儿茶素	0.13	0.71	0.75	1.59	0.13	0.76	0.96	1.85	0.12	0.72	0.90	1.74
总和	0.30	1.67	1.89	3.86	0.31	1.75	2.29	4.35	0.29	1.70	2.19	4.18

检测茶样咖啡碱含量如表 4-9 所示：

表 4-9 HPLC 检测咖啡碱含量（%）

茶类名称	出汤时间（min）	红泥	紫泥	段泥
西湖龙井	1	0.94	0.91	0.84
	3	1.11	1.13	1.12
	5	0.66	0.65	0.69
	累计	2.70	2.68	2.65
莫干黄茶	1	0.67	0.94	0.92
	3	1.14	1.33	1.38
	5	1.00	0.91	0.86
	累计	2.81	3.18	3.16
白牡丹	1	0.56	0.89	0.85
	3	1.52	1.52	3.21
	5	0.98	0.86	0.90
	累计	3.05	3.27	3.35
熟普	1	0.75	0.83	0.85
	3	1.22	1.17	1.30
	5	0.80	0.71	0.71
	累计	2.76	2.70	2.85
凤庆红茶	1	0.72	0.81	0.83
	3	1.25	1.38	1.56
	5	1.03	0.96	0.87
	累计	3.00	3.15	3.25
铁观音	1	0.10	0.10	0.09
	3	0.39	0.54	0.45
	5	0.28	0.56	0.61
	累计	0.77	1.20	1.15

在三种不同泥料的壶冲泡条件下，六大茶类茶汤中咖啡碱浸出浓度如表 4-9 所示。

对于西湖龙井而言：用紫泥壶冲泡茶汤咖啡碱浸出浓度显著高于用段泥壶冲泡；

对于莫干黄茶而言：用紫泥壶和段泥壶冲泡茶汤咖啡碱浸出浓度显著高于用红泥壶冲泡；

对于白牡丹而言：用段泥壶冲泡茶汤咖啡碱浸出浓度显著高于用红泥壶冲泡；

对于熟普而言：用段泥壶冲泡茶汤咖啡碱浸出浓度显著高于用紫泥壶冲泡；

对于凤庆红茶而言：不同壶冲泡茶汤咖啡碱浸出浓度从高到低分别是段泥、紫泥、红泥，且三者之间均有显著性差异；

对于铁观音而言：用段泥壶和紫泥壶冲泡茶汤咖啡碱浸出浓度显著高于用红泥壶冲泡。

从表的结果来看，不同壶冲泡六大茶类茶汤中咖啡碱浸出浓度不同，其中西湖龙井用红泥壶冲泡茶汤咖啡碱浸出浓度最高；莫干黄茶、铁观音用紫泥壶冲泡茶汤咖啡碱浸出浓度最高；白牡丹、熟普、凤庆红茶用段泥壶冲泡茶汤咖啡碱浸出浓度最高。

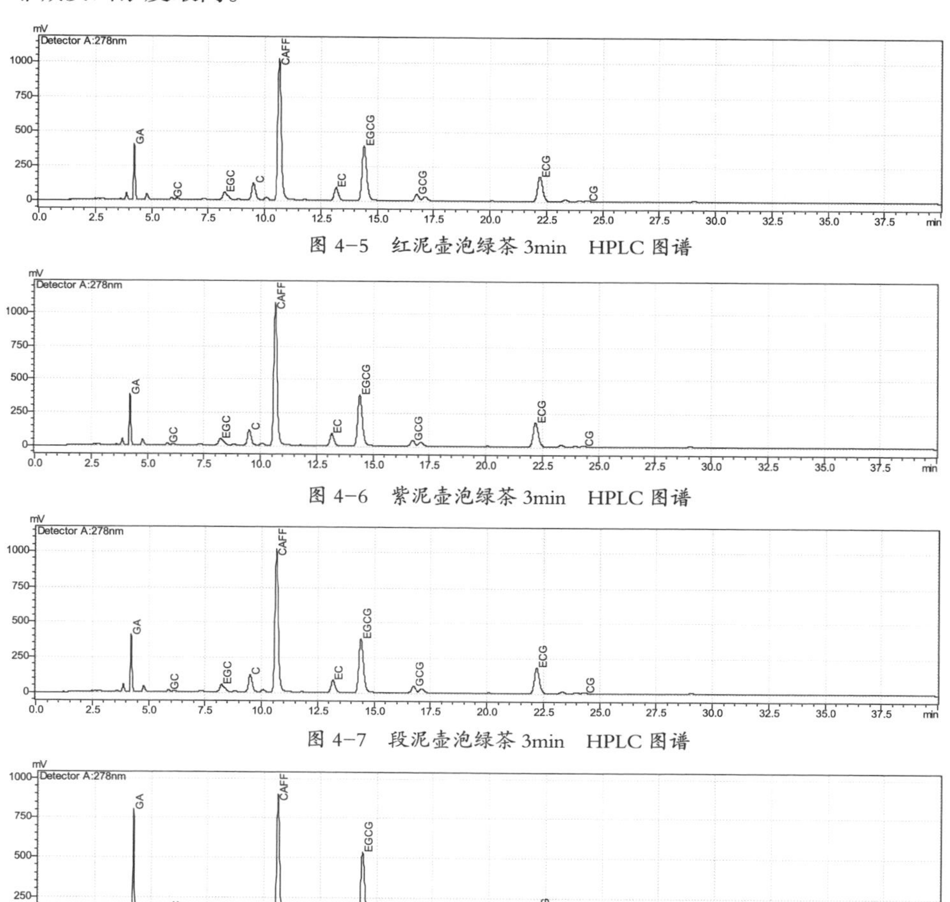

图 4-5 红泥壶泡绿茶 3min HPLC 图谱

图 4-6 紫泥壶泡绿茶 3min HPLC 图谱

图 4-7 段泥壶泡绿茶 3min HPLC 图谱

图 4-8 红泥壶泡黄茶 3min HPLC 图谱

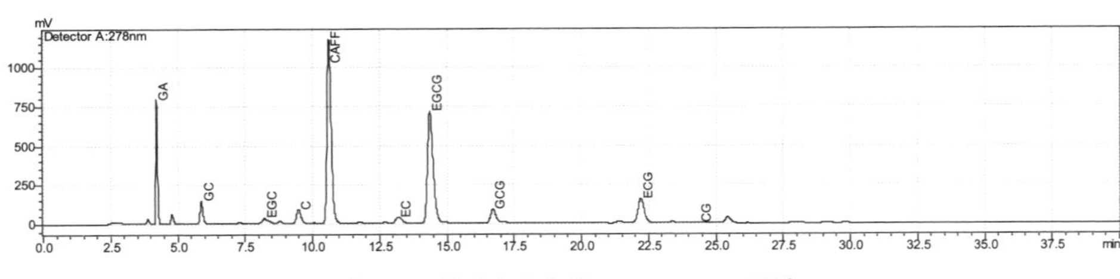

图 4-9　紫泥壶泡黄茶 3min　HPLC 图谱

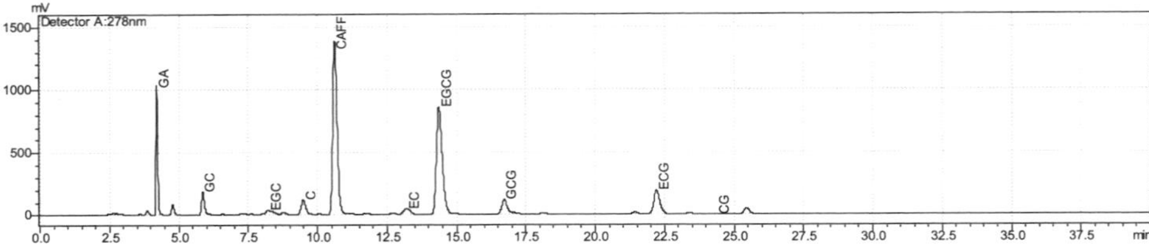

图 4-10　段泥壶泡黄茶 3min　HPLC 图谱

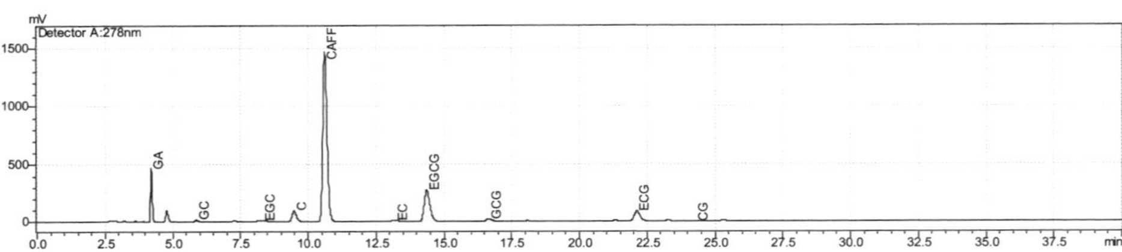

图 4-11　红泥壶泡白茶 3min　HPLC 图谱

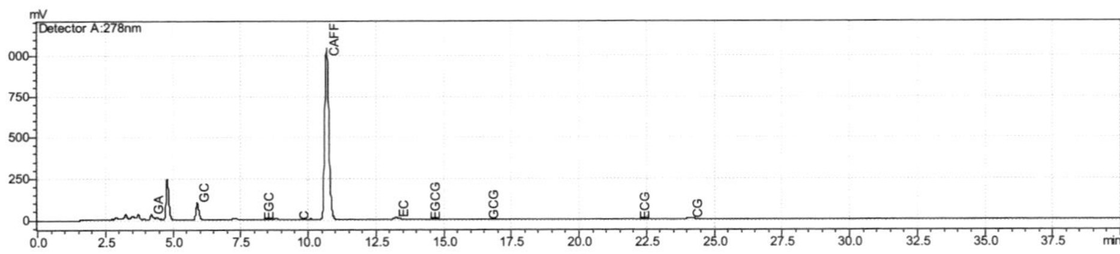

图 4-12　紫泥壶泡黑茶 3min　HPLC 图谱

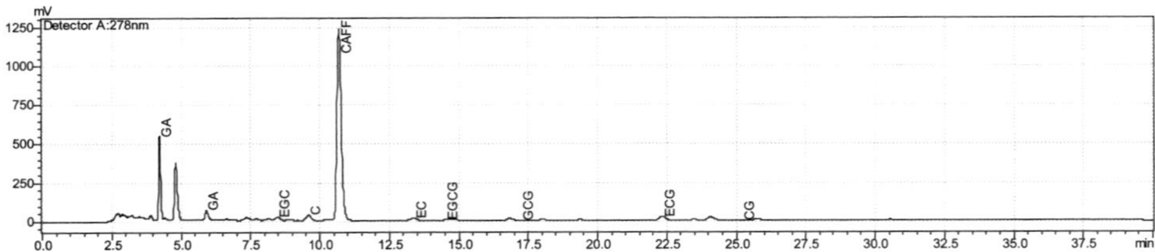

图 4-13　段泥壶泡红茶 3min　HPLC 图谱

四、氨基酸测定结果

以谷氨酸作标准曲线，茶样中游离氨基酸含量与其相比较，标准曲线如图 4-14 所示：

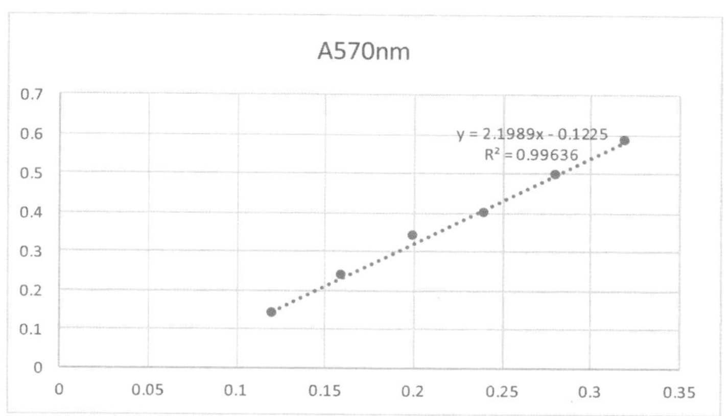

图 4-14　茚三酮法测游离氨基酸标准曲线

注：游离氨基酸标准曲线回归方程为 Y=2.1989X−0.1125（R2=0.9964），X 轴为谷氨酸浓度（μg/ml），Y 轴为吸光度

检测茶样的游离氨基酸含量如表 4-10 所示：

表 4-10　茶样氨基酸浸出率（%）

出汤时间（min）	茶类名称	红泥	紫泥	段泥
1	西湖龙井	1.24 ± 0.08	1.26 ± 0.07	1.26 ± 0.08
3		1.72 ± 0.11	1.69 ± 0.06	1.81 ± 0.02
5		1.02 ± 0.06	0.96 ± 0.03	1.03 ± 0.03
累计		3.97 ± 0.23	3.91 ± 0.04	4.10 ± 0.07
1	莫干黄茶	1.01 ± 0.06	1.14 ± 0.02	1.15 ± 0.10
3		1.42 ± 0.11	1.44 ± 0.05	1.43 ± 0.17
5		0.90 ± 0.07	0.84 ± 0.04	0.80 ± 0.10
累计		3.33 ± 0.18	3.43 ± 0.07	3.37 ± 0.13
1	白牡丹	0.59 ± 0.10	0.73 ± 0.07	0.74 ± 0.04
3		2.09 ± 0.07	1.88 ± 0.10	2.26 ± 0.25
5		1.40 ± 0.18	1.21 ± 0.16	1.23 ± 0.14
累计		4.04 ± 0.11	3.82 ± 0.31	4.23 ± 0.42

续表

出汤时间（min）	茶类名称	红泥	紫泥	段泥
1	熟普	0.38 ± 0.00	0.32 ± 0.00	0.37 ± 0.00
3		0.42 ± 0.02	0.41 ± 0.00	0.50 ± 0.02
5		0.36 ± 0.01	0.36 ± 0.01	0.36 ± 0.00
累计		1.15 ± 0.02	1.08 ± 0.00	1.23 ± 0.02
1	凤庆红茶	0.53 ± 0.02	0.62 ± 0.02	0.66 ± 0.03
3		1.22 ± 0.06	1.16 ± 0.04	1.43 ± 0.06
5		0.81 ± 0.04	0.71 ± 0.02	0.77 ± 0.03
累计		2.56 ± 0.08	2.49 ± 0.03	2.79 ± 0.14
1	铁观音	0.34 ± 0.01	0.35 ± 0.01	0.35 ± 0.00
3		0.51 ± 0.01	0.50 ± 0.04	0.65 ± 0.01
5		0.65 ± 0.01	0.53 ± 0.02	0.54 ± 0.01
累计		1.51 ± 0.02	1.38 ± 0.06	1.48 ± 0.09

在三种不同泥料的壶冲泡条件下，六大茶类茶汤中氨基酸的浸出浓度如图 4-15 所示。

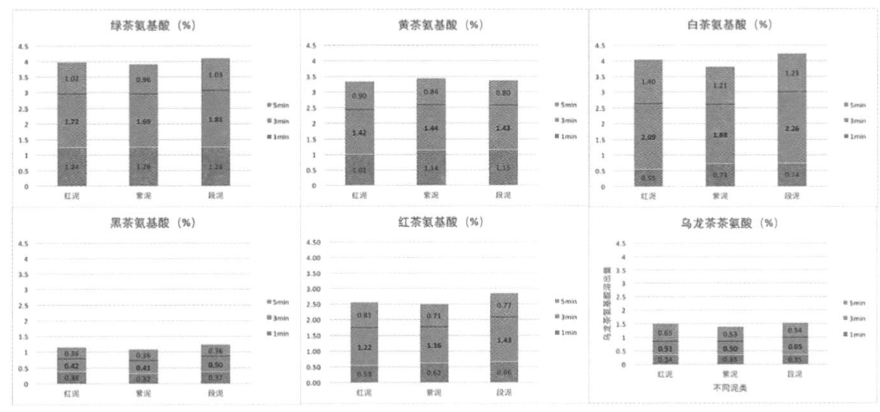

图 4-15　六大茶类三种壶的氨基酸溶出浓度（%）

对于西湖龙井而言：用段泥壶冲泡茶汤氨基酸的浸出浓度显著高于用紫泥壶冲泡；

对于莫干黄茶而言：不同壶冲泡茶汤中氨基酸的浸出浓度从高到低分别是紫泥、段泥、红泥，但均无显著性差异；

对于白牡丹而言：用红泥壶和段泥壶冲泡茶汤中氨基酸的浸出浓度显著高于紫泥壶；

对于熟普而言：不同壶冲泡茶汤中氨基酸的浸出浓度从高到低分别是段泥、红泥、紫泥，且三者之间均有显著性差异；

对于风庆红茶而言：不同壶冲泡茶汤中氨基酸的浸出浓度从高到低分别是段泥、红泥、紫泥，且三者之间均有显著性差异；

对于铁观音而言：用红泥壶和段泥壶冲泡茶汤中氨基酸的浸出浓度显著高于紫泥壶。

从图 4–15 的结果来看，不同壶冲泡六大茶类茶汤中氨基酸浸出浓度不同，其中西湖龙井、白牡丹、熟普、风庆红茶用段泥壶冲泡茶汤中氨基酸浸出浓度最高，莫干黄茶用紫泥壶冲泡茶汤中氨基酸浸出浓度最高但三种壶之间无显著性差异，铁观音用红泥壶冲泡茶汤中氨基酸浸出浓度最高。

五、可溶性糖测定结果

以葡萄糖作标准曲线，茶样可溶性糖含量与其相比较，标注曲线如图 4–16 所示：

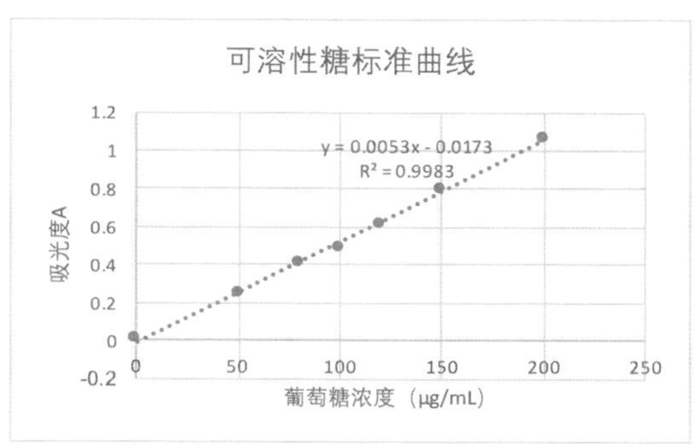

图 4–16 蒽酮法测可溶性糖标准曲线

注：可溶性糖标准曲线回归方程为 Y=0.0053X−0.0173（R2=0.9983），X 轴为葡萄糖浓度（μg/ml），Y 轴为吸光度

检测茶样的可溶性糖含量如表 4–11 所示：

表 4–11 茶样可溶性糖浸出率（%）

出汤时间（min）	茶类名称	红泥	紫泥	段泥
1	西湖龙井	0.63 ± 0.03	0.64 ± 0.01	0.65 ± 0.00
3		0.86 ± 0.01	0.88 ± 0.03	0.92 ± 0.01
5		0.80 ± 0.00	0.81 ± 0.00	0.84 ± 0.01
累计		2.29 ± 0.03	2.33 ± 0.04	2.41 ± 0.02

续表

出汤时间（min）	茶类名称	红泥	紫泥	段泥
1	莫干黄茶	0.33 ± 0.03	0.46 ± 0.01	0.47 ± 0.01
3		0.63 ± 0.03	0.62 ± 0.02	0.73 ± 0.01
5		0.49 ± 0.01	0.49 ± 0.01	0.47 ± 0.03
累计		1.45 ± 0.04	1.57 ± 0.01	1.67 ± 0.01
1	白牡丹	0.22 ± 0.02	0.26 ± 0.02	0.29 ± 0.01
3		0.52 ± 0.01	0.53 ± 0.03	0.67 ± 0.04
5		0.45 ± 0.02	0.43 ± 0.02	0.47 ± 0.03
累计		1.19 ± 0.02	1.22 ± 0.03	1.43 ± 0.07
1	熟普	0.34 ± 0.01	0.37 ± 0.02	0.38 ± 0.02
3		0.77 ± 0.25	0.83 ± 0.02	1.00 ± 0.03
5		0.57 ± 0.01	0.58 ± 0.02	0.57 ± 0.02
累计		1.87 ± 0.01	1.79 ± 0.06	1.95 ± 0.03
1	凤庆红茶	0.20 ± 0.00	0.23 ± 0.01	0.22 ± 0.02
3		0.40 ± 0.01	0.43 ± 0.04	0.49 ± 0.03
5		0.35 ± 0.01	0.35 ± 0.02	0.32 ± 0.03
累计		0.95 ± 0.02	1.00 ± 0.06	1.02 ± 0.07
1	铁观音	0.39 ± 0.01	0.38 ± 0.00	0.40 ± 0.00
3		0.96 ± 0.16	0.89 ± 0.04	1.10 ± 0.06
5		1.40 ± 0.07	1.37 ± 0.02	1.43 ± 0.08
累计		2.86 ± 0.08	2.64 ± 0.07	2.94 ± 0.09

在三种不同泥料的壶冲泡条件下，六大茶类茶汤中可溶性糖溶出度如图 4-17 所示。

对于西湖龙井而言：用段泥壶冲泡茶汤中可溶性糖浓度显著高于用紫泥壶和红泥壶冲泡；对于莫干黄茶而言：不同壶冲泡茶汤中可溶性糖的浓度从高到低分别是段泥、紫泥、红泥，且三者之间均有显著性差异；对于白牡丹而言：用段泥壶冲泡茶汤中可溶性糖浓度显著高于用紫泥壶和红泥壶冲泡；对于熟普而言：不同壶冲泡茶汤中可溶性糖浓度从高到低分别是段泥、紫泥、红泥，且三者之间均有显著性差异；对于凤庆红茶而言：用段泥壶和红泥壶冲泡茶汤中可溶性糖浓度显著高于用紫泥壶冲泡；对于铁观音而言：用段泥壶和红泥壶冲泡茶汤中可溶性糖浓度显著高于用紫泥壶冲泡。

从图 4-17 的结果来看，不同壶冲泡六大茶类茶汤中可溶性糖的浓度不同，有一致规律是其中六大茶类均用段泥壶冲泡茶汤中可溶性糖的浸出浓度最高。

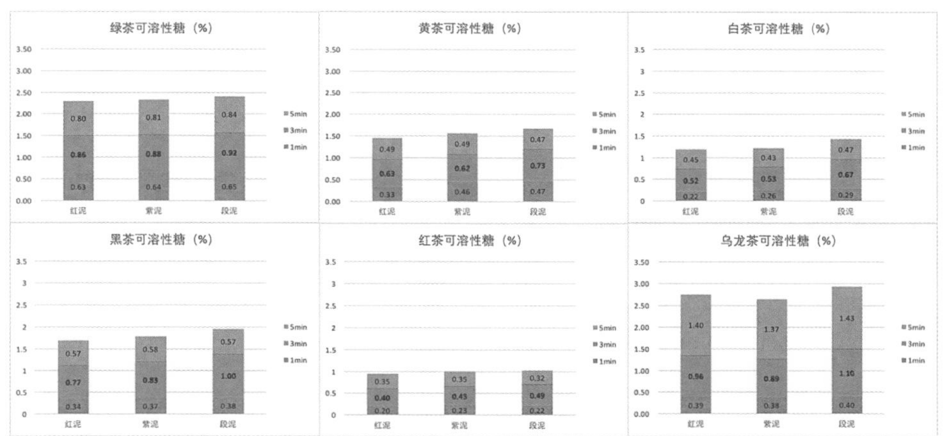

图 4-17　六大茶类三种壶的可溶性糖浓度（%）

六、蛋白质测定结果

以牛血清蛋白作标准曲线，茶样可溶性蛋白含量与其进行比较，标准曲线如图 4-18 所示。

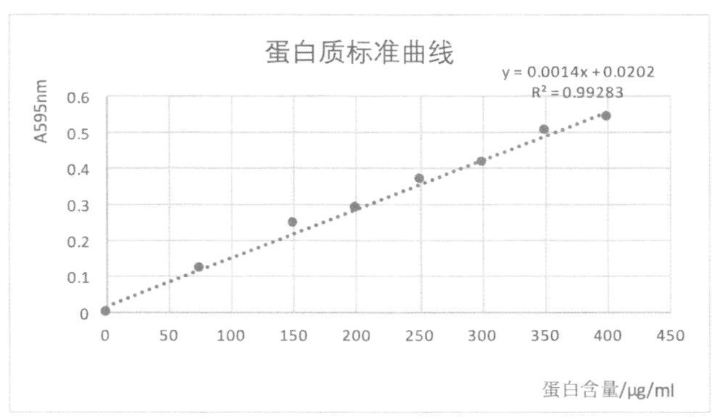

图 4-18　考马斯亮蓝法测可溶性蛋白标准曲线

注：蛋白标准曲线回归方程为 Y=0.0014X+0.0202（R2=0.99283）；X 轴为牛血清蛋白浓度（μg/ml），Y 轴为吸光度

检测茶样中可溶性蛋白质含量如表 4-12 所示：

表 4-12　茶样可溶性蛋白浓度（%）

出汤时间（min）	茶类名称	红泥	紫泥	段泥
1	西湖龙井	0.50 ± 0.06	0.54 ± 0.05	0.54 ± 0.06
3		0.79 ± 0.03	0.85 ± 0.07	0.87 ± 0.01
5		0.76 ± 0.21	0.53 ± 0.08	0.55 ± 0.01
累计		2.05 ± 0.26	1.93 ± 0.07	1.96 ± 0.07
1	莫干黄茶	0.42 ± 0.04	0.61 ± 0.07	0.57 ± 0.04
3		0.82 ± 0.06	1.05 ± 0.03	1.10 ± 0.05
5		0.93 ± 0.06	0.99 ± 0.04	0.86 ± 0.07
累计		2.18 ± 0.15	2.65 ± 0.04	2.52 ± 0.12
1	白牡丹	0.42 ± 0.04	0.61 ± 0.07	0.57 ± 0.04
3		0.82 ± 0.06	1.05 ± 0.03	1.10 ± 0.05
5		0.93 ± 0.06	0.99 ± 0.04	0.86 ± 0.07
累计		2.18 ± 0.15	2.65 ± 0.04	2.52 ± 0.12
1	熟普	0.30 ± 0.07	0.34 ± 0.03	0.24 ± 0.04
3		0.74 ± 0.10	0.77 ± 0.06	1.00 ± 0.05
5		0.69 ± 0.03	0.62 ± 0.04	0.63 ± 0.06
累计		1.73 ± 0.20	1.73 ± 0.07	1.86 ± 0.06
1	凤庆红茶	0.30 ± 0.02	0.36 ± 0.02	0.37 ± 0.04
3		0.56 ± 0.03	0.69 ± 0.07	0.69 ± 0.05
5		0.59 ± 0.02	0.68 ± 0.05	0.62 ± 0.05
累计		1.44 ± 0.06	1.72 ± 0.10	1.68 ± 0.13
1	铁观音	0.00 ± 0.01	0.00 ± 0.00	0.00 ± 0.02
3		0.16 ± 0.02	0.23 ± 0.05	0.23 ± 0.10
5		0.23 ± 0.02	0.24 ± 0.00	0.29 ± 0.02
累计		0.36 ± 0.04	0.47 ± 0.05	0.52 ± 0.12

在三种不同泥料的壶冲泡条件下，六大茶类茶汤中蛋白质的泡出率如图 4-19 所示。

对于西湖龙井而言：用红泥壶冲泡茶汤中可溶性蛋白浓度显著高于用紫泥壶冲泡；

对于莫干黄茶而言：不同壶冲泡茶汤中可溶性蛋白浓度从高到低分别是紫泥、段泥、红泥，其中用紫泥壶和段泥壶冲泡茶汤中可溶性蛋白含量均显著高于用红泥壶冲泡；

对于白牡丹而言：不同壶冲泡茶汤中可溶性蛋白浓度从高到低分别是段泥、紫泥、红泥，但均无显著性差异；

对于熟普而言：用段泥壶冲泡茶汤中可溶性蛋白浓度显著高于用紫泥壶；对于凤庆红茶而言：不同壶冲泡茶汤中可溶性蛋白浓度从高到低分别是紫泥、段泥、红泥，其中紫泥壶冲泡茶汤中可溶性蛋白浓度显著高于段泥壶；

对于铁观音而言：不同壶冲泡茶汤中可溶性蛋白可忽略不计，且均无显著性差异。

从图 4-19 的结果来看，不同壶冲泡六大茶类茶汤的可溶性蛋白浓度不同，其中西湖龙井用红泥壶冲泡可溶性蛋白浓度最高，莫干黄茶、白牡丹、凤庆红茶均用紫泥壶冲泡可溶性蛋白浓度最高，熟普用段泥壶冲泡可溶性蛋白浓度最高，而铁观音可溶性蛋白浓度用三个壶冲泡均无显著性差异。

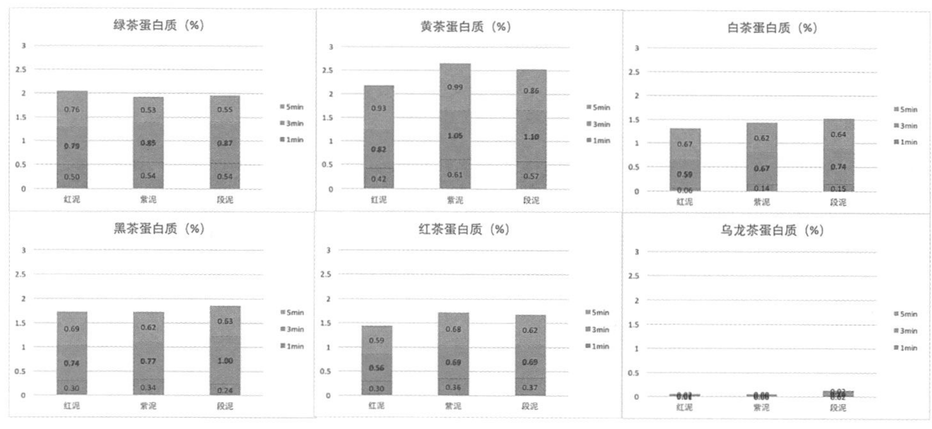

图 4-19 六大茶类三种壶的蛋白质泡出率（%）

七、黄酮测定结果

检测茶样的黄酮浸出率如表 4-13 所示：

表 4-13　茶样黄酮浸出率（mg/g）

出汤时间（min）	茶类名称	红泥	紫泥	段泥
1	西湖龙井	0.64 ± 0.01	0.58 ± 0.02	0.56 ± 0.03
3		0.62 ± 0.03	0.66 ± 0.02	0.71 ± 0.07
5		0.48 ± 0.02	0.45 ± 0.03	0.47 ± 0.02
累计		1.74 ± 0.04	1.7 ± 0.03	1.74 ± 0.11
1	莫干黄茶	0.85 ± 0.06	1.03 ± 0.07	1.02 ± 0.04
3		1.79 ± 0.07	1.9 ± 0.09	2.22 ± 0.17
5		1.72 ± 0	1.62 ± 0.03	1.57 ± 0.13
累计		4.36 ± 0.14	4.54 ± 0.18	4.82 ± 0.19
1	白牡丹	0.51 ± 0.09	0.63 ± 0.04	0.67 ± 0.04
3		1.24 ± 0.03	1.33 ± 0.07	1.78 ± 0.16
5		1.27 ± 0.11	1.21 ± 0.05	1.4 ± 0.12
累计		2.98 ± 0.05	3.17 ± 0.12	3.85 ± 0.32
1	熟普	1.11 ± 0.06	1.29 ± 0.15	1.38 ± 0.04
3		3 ± 0.16	2.81 ± 0.04	3.32 ± 0.12
5		2.36 ± 0.11	2.27 ± 0.14	2.45 ± 0.05
累计		6.47 ± 0.21	6.36 ± 0.34	7.15 ± 0.19
1	凤庆红茶	0.99 ± 0.04	1.24 ± 0.04	1.16 ± 0.2
3		2.42 ± 0.15	2.68 ± 0.15	2.9 ± 0.12
5		2.42 ± 0.12	2.36 ± 0.03	2.19 ± 0.19
累计		5.83 ± 0.26	6.27 ± 0.18	6.38 ± 0.29
1	铁观音	0.25 ± 0.02	0.27 ± 0.04	0.25 ± 0.06
3		0.56 ± 0.07	0.7 ± 0.04	0.84 ± 0.13
5		0.83 ± 0.07	1.38 ± 0.36	0.86 ± 0.01
累计		1.63 ± 0.04	2.35 ± 0.26	1.99 ± 0.14

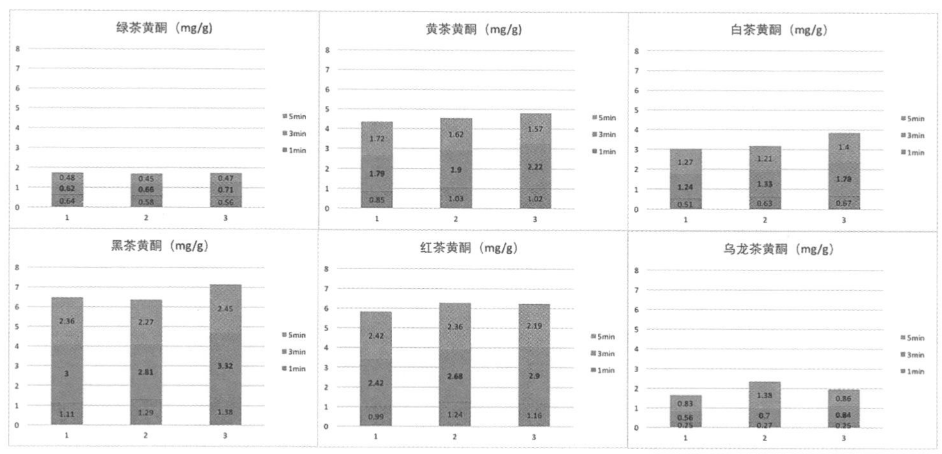

图 4-20　六大茶类三种壶的黄酮浸出率（mg/g）

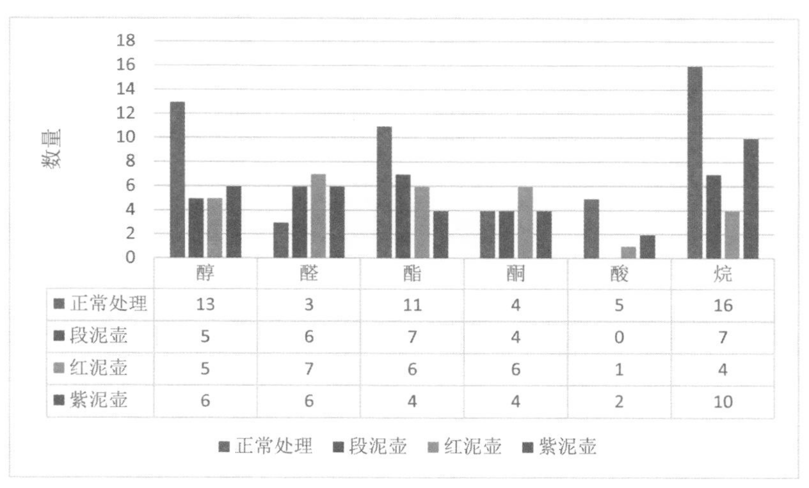

	醇	醛	酯	酮	酸	烷
正常处理	13	3	11	4	5	16
段泥壶	5	6	7	4	0	7
红泥壶	5	7	6	6	1	4
紫泥壶	6	6	4	4	2	10

图 4-21　西湖龙井香气数量

常规方法处理茶叶得到，香气物质 59 种；经由段泥制成的紫砂壶浸提处理的茶样，香气物质 33 种；经由红泥制成的紫砂壶浸提处理的茶样，香气物质 48 种；经由紫泥制成的紫砂壶浸提处理的茶样，香气物质 40 种。

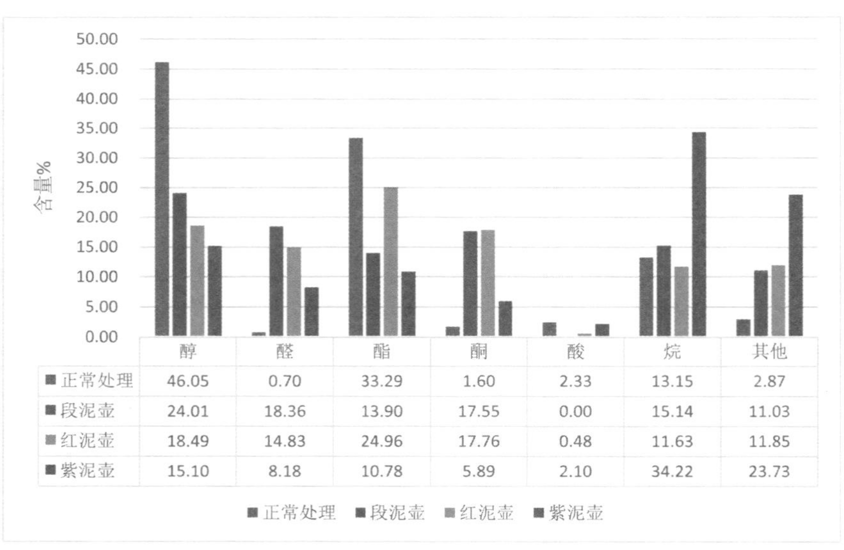

	醇	醛	酯	酮	酸	烷	其他
■正常处理	46.05	0.70	33.29	1.60	2.33	13.15	2.87
■段泥壶	24.01	18.36	13.90	17.55	0.00	15.14	11.03
■红泥壶	18.49	14.83	24.96	17.76	0.48	11.63	11.85
■紫泥壶	15.10	8.18	10.78	5.89	2.10	34.22	23.73

图 4-22　西湖龙井香气含量（%）

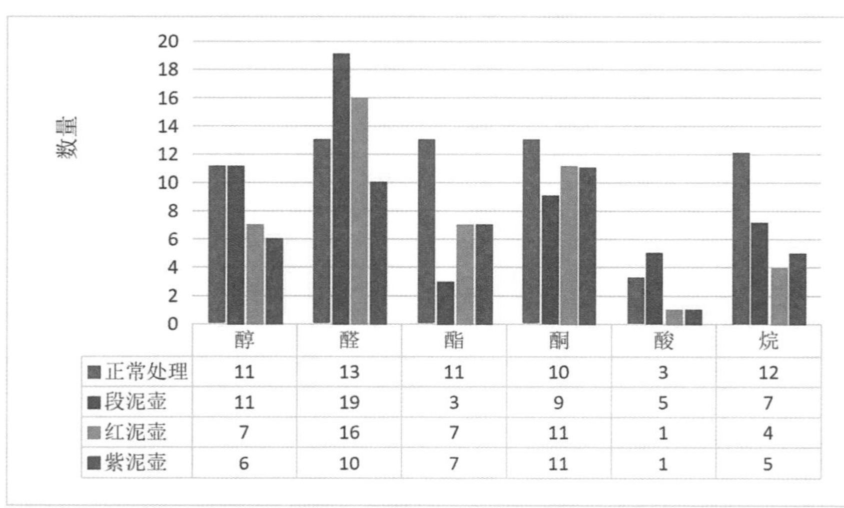

	醇	醛	酯	酮	酸	烷
■正常处理	11	13	11	10	3	12
■段泥壶	11	19	3	9	5	7
■红泥壶	7	16	7	11	1	4
■紫泥壶	6	10	7	11	1	5

图 4-23　莫干黄茶香气数量

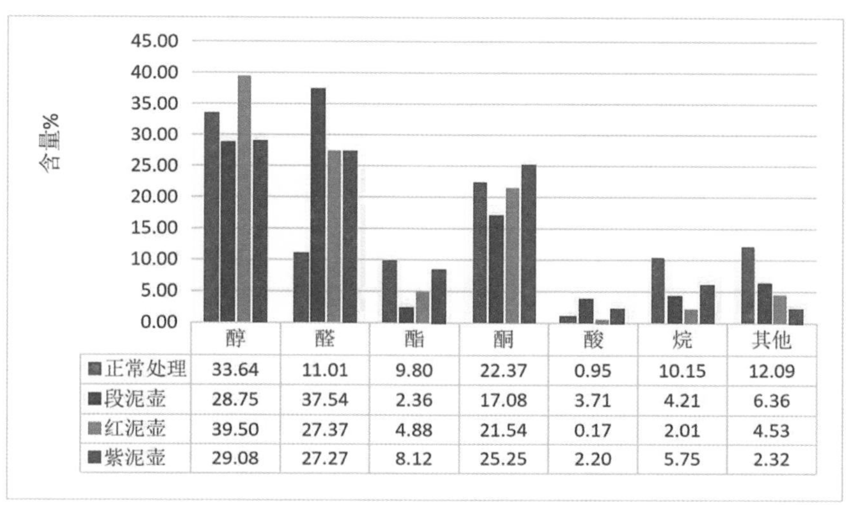

	醇	醛	酯	酮	酸	烷	其他
正常处理	33.64	11.01	9.80	22.37	0.95	10.15	12.09
段泥壶	28.75	37.54	2.36	17.08	3.71	4.21	6.36
红泥壶	39.50	27.37	4.88	21.54	0.17	2.01	4.53
紫泥壶	29.08	27.27	8.12	25.25	2.20	5.75	2.32

图 4-24 莫干黄茶香气含量（%）

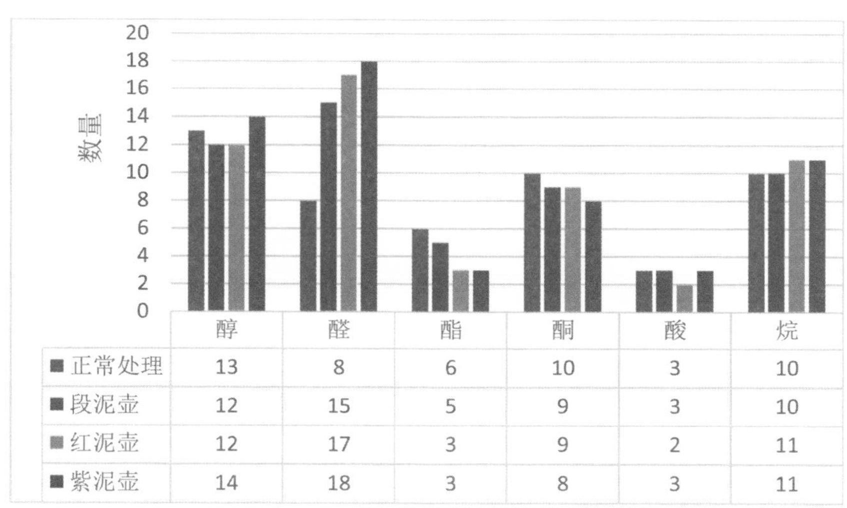

	醇	醛	酯	酮	酸	烷
正常处理	13	8	6	10	3	10
段泥壶	12	15	5	9	3	10
红泥壶	12	17	3	9	2	11
紫泥壶	14	18	3	8	3	11

图 4-25 白牡丹香气数量

常规方法处理茶叶得到，香气物质 57 种；经由段泥制成的紫砂壶浸提处理的茶样，香气物质 58 种；经由红泥制成的紫砂壶浸提处理的茶样，香气物质 56 种；经由紫泥制成的紫砂壶浸提处理的茶样，香气物质 60 种。

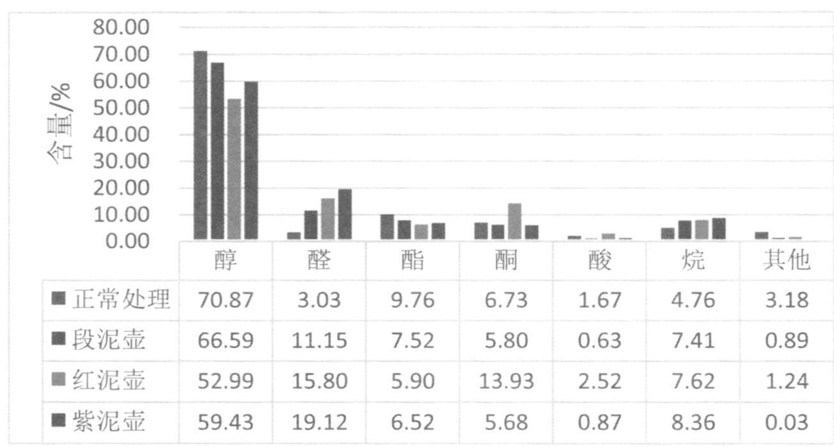

	醇	醛	酯	酮	酸	烷	其他
■正常处理	70.87	3.03	9.76	6.73	1.67	4.76	3.18
■段泥壶	66.59	11.15	7.52	5.80	0.63	7.41	0.89
■红泥壶	52.99	15.80	5.90	13.93	2.52	7.62	1.24
■紫泥壶	59.43	19.12	6.52	5.68	0.87	8.36	0.03

图 4-26　白牡丹香气含量（%）

常规方法处理茶叶得到，香气物质 52 种；经由段泥制成的紫砂壶浸提处理的茶样，香气物质 34 种；经由红泥制成的紫砂壶浸提处理的茶样，香气物质 35 种；经由紫泥制成的紫砂壶浸提处理的茶样，香气物质 41 种。

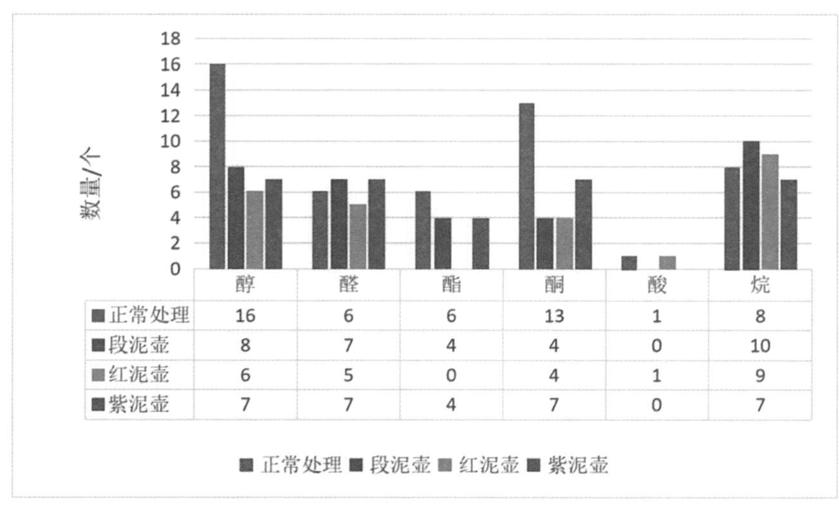

	醇	醛	酯	酮	酸	烷
■正常处理	16	6	6	13	1	8
■段泥壶	8	7	4	4	0	10
■红泥壶	6	5	0	4	1	9
■紫泥壶	7	7	4	7	0	7

图 4-27　熟普香气数量

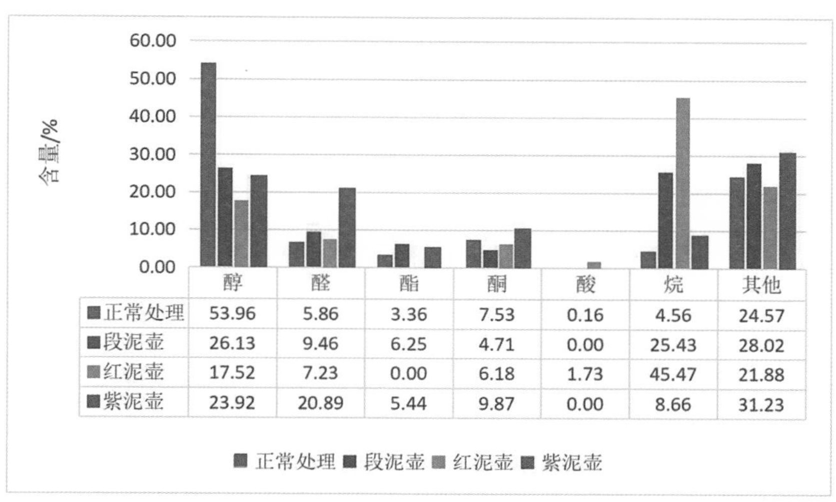

	醇	醛	酯	酮	酸	烷	其他
正常处理	53.96	5.86	3.36	7.53	0.16	4.56	24.57
段泥壶	26.13	9.46	6.25	4.71	0.00	25.43	28.02
红泥壶	17.52	7.23	0.00	6.18	1.73	45.47	21.88
紫泥壶	23.92	20.89	5.44	9.87	0.00	8.66	31.23

图 4-28　熟普香气含量（%）

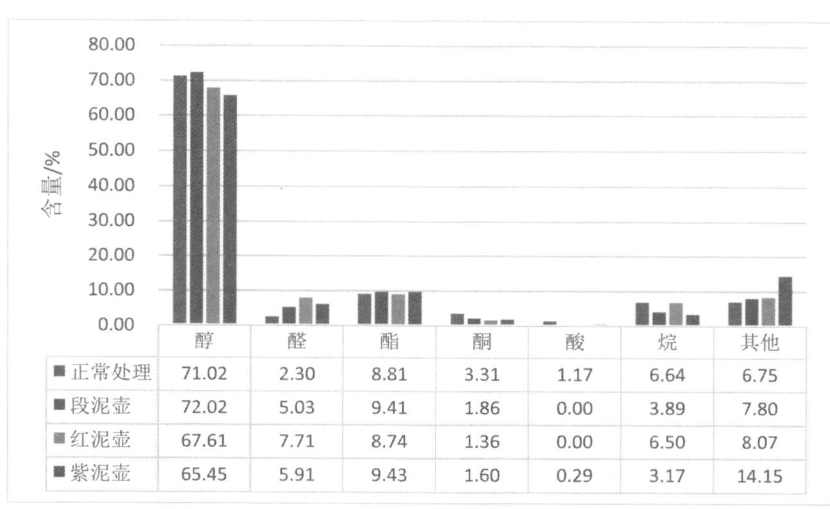

	醇	醛	酯	酮	酸	烷	其他
正常处理	71.02	2.30	8.81	3.31	1.17	6.64	6.75
段泥壶	72.02	5.03	9.41	1.86	0.00	3.89	7.80
红泥壶	67.61	7.71	8.74	1.36	0.00	6.50	8.07
紫泥壶	65.45	5.91	9.43	1.60	0.29	3.17	14.15

图 4-29　凤庆红茶香气含量（%）

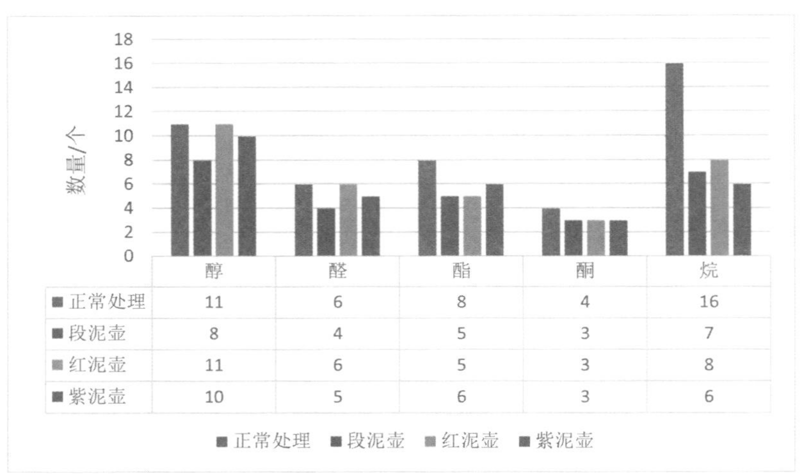

	醇	醛	酯	酮	烷
■正常处理	11	6	8	4	16
■段泥壶	8	4	5	3	7
■红泥壶	11	6	5	3	8
■紫泥壶	10	5	6	3	6

图 4-30　铁观音茶香气数量

常规方法处理茶叶得到，香气物质 65 种；经由段泥制成的紫砂壶浸提处理的茶样，香气物质 33 种；经由红泥制成的紫砂壶浸提处理的茶样，香气物质 40 种；经由紫泥制成的紫砂壶浸提处理的茶样，香气物质 36 种。

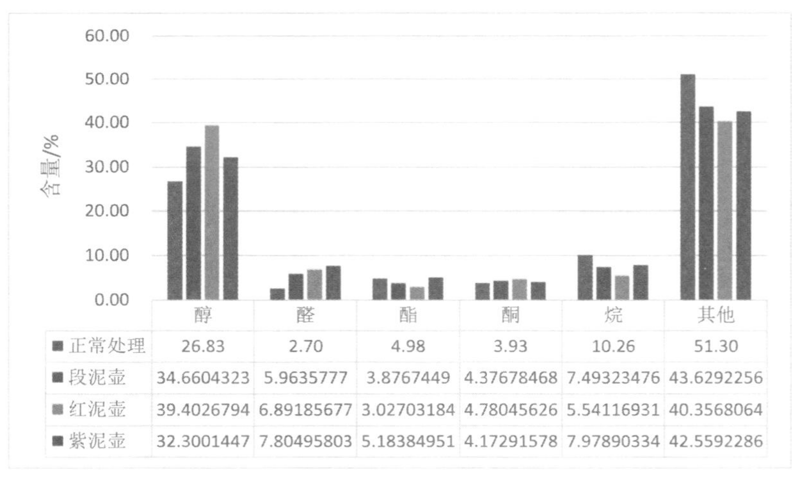

	醇	醛	酯	酮	烷	其他
■正常处理	26.83	2.70	4.98	3.93	10.26	51.30
■段泥壶	34.6604323	5.9635777	3.8767449	4.37678468	7.49323476	43.6292256
■红泥壶	39.4026794	6.89185677	3.02703184	4.78045626	5.54116931	40.3568064
■紫泥壶	32.3001447	7.80495803	5.18384951	4.17291578	7.97890334	42.5592286

图 4-31　铁观音茶香气含量（%）

用紫砂壶泡铁观音茶汤的香气物质中，二甲基硅二醇、辛醛、（E，E）-2，4- 庚二烯醛、苯乙醛、芳樟醇（玫瑰花香）、苯乙腈（杏仁味）、水杨酸甲酯（冬青油味)、癸醛、3，7-二甲基-2，6-辛二烯-1-醇、反式-2-癸烯醛、4，6-二甲基十二烷、吲哚（青臭气味)、2-硝基乙基-苯、茉莉酮（茉莉花香)、β-丁酸苯乙酯（甜蜜果香)、(Z)-6,10-二甲基-5,9-十一二烯-2-酮、E)-β-金合欢烯、二十烷、正十六烷（无明显味道)、反式-橙花叔醇（花香，苹果香)、顺式-3-己烯醇苯甲酸酯、2，2，4-三甲基-1，3-戊二醇二异丁酸酯、雪松醇（松子味）这些香气物质的含量比常规处理的显著性提高。

其中与铁观音香气清幽持久，花香的主要香气物质如玫瑰花香的芳樟醇、有清香的吲哚、杏仁香的苯乙腈、花香、苹果香的反式-橙花叔醇、松子味的雪松醇用三种壶冲泡的含量都显著高于普通处理，其中用红泥壶冲泡含量最高。

有茉莉花香的茉莉酮和甜蜜果香的β-丁酸苯乙酯，用三种壶冲泡的含量都显著高于普通处理，用红泥壶和段泥壶冲泡含量最高，紫泥壶次之。

经过滋味化学成分研究分析及香气测定，发现红泥适合冲泡绿茶、红茶和黑茶；紫泥适合冲泡乌龙茶和黄茶；段泥适合冲泡白茶。

八、审评结果

表4-14 西湖龙井感官审评结果

时间	红泥			
	香气	汤色	滋味	综合评分 *
1	93.00	93.57	92.43	92.77
3	91.00	92.57	91.43	91.57
5	90.86	91.29	89.14	89.91
	紫泥			
	香气	汤色	滋味	综合评分 *
1	89.43	92.00	91.29	91.06
3	89.29	91.14	91.57	91.03
5	89.86	90.71	88.86	89.43
	段泥			
	香气	汤色	滋味	综合评分 *
1	88.86	91.00	90.29	90.14
3	91.57	92.00	91.86	91.83
5	90.29	90.43	88.86	89.46

* 评比权数：香气0.2，汤色0.2，滋味0.6，折算成百分数，下同

表 4-15　莫干黄茶感官审评结果

时间	红泥			
	香气	汤色	滋味	综合评分 *
1	92.25	92.13	92.75	92.53
3	91.88	91.63	93.33	92.70
5	89.75	90.25	89.50	89.70
	紫泥			
	香气	汤色	滋味	综合评分 *
1	92.13	91.25	92.25	92.03
3	90.75	91.25	92.00	91.60
5	89.00	89.50	89.00	89.10
	段泥			
	香气	汤色	滋味	综合评分 *
1	92.00	92.50	91.50	91.80
3	93.25	92.25	91.00	91.70
5	91.00	90.25	89.50	89.95

表 4-16　白牡丹感官审评结果

时间	红泥			
	香气	汤色	滋味	综合评分 *
1	92.17	90.83	92.83	92.30
3	91.50	92.33	92.70	92.39
5	91.20	91.83	92.00	91.81
	紫泥			
	香气	汤色	滋味	综合评分 *
1	91.17	91.67	92.67	92.17
3	91.17	90.50	91.17	91.03
5	90.20	90.75	90.33	90.39
	段泥			
	香气	汤色	滋味	综合评分 *
1	91.67	91.50	92.50	92.13
3	90.50	91.17	91.33	91.13
5	90.20	91.00	90.00	90.24

表 4-17 熟普感官审评结果

时间	红泥			
	香气	汤色	滋味	综合评分 *
1	92.75	90.50	92.00	91.85
3	90.50	92.00	93.25	92.45
5	89.75	91.75	91.75	91.35
	紫泥			
	香气	汤色	滋味	综合评分 *
1	90.75	91.00	91.67	91.35
3	89.25	92.25	92.25	91.65
5	89.00	91.50	90.25	90.25
	段泥			
	香气	汤色	滋味	综合评分 *
1	90.00	92.00	91.67	91.40
3	89.75	91.25	91.00	90.80
5	87.75	90.50	89.50	89.35

表 4-18 凤庆红茶感官审评结果

时间	红泥			
	香气	汤色	滋味	综合评分 *
1	92.30	91.20	93.00	92.50
3	91.60	90.80	92.60	92.04
5	90.40	90.40	89.80	90.04
	紫泥			
	香气	汤色	滋味	综合评分 *
1	91.20	91.20	92.00	91.68
3	90.60	91.40	91.40	91.24
5	90.00	91.00	89.40	89.84
	段泥			
	香气	汤色	滋味	综合评分 *
1	90.00	91.60	91.00	90.92
3	90.00	91.40	90.20	90.40
5	88.60	90.80	88.80	89.16

表 4-19　铁观音感官审评结果

时间	红泥			
	香气	汤色	滋味	综合评分 *
1	92.60	89.80	88.40	89.52
3	93.60	90.60	91.00	91.44
5	91.20	91.20	90.00	90.48
	紫泥			
	香气	汤色	滋味	综合评分 *
1	92.20	91.40	89.20	90.24
3	92.00	92.00	91.60	91.76
5	90.20	91.80	89.75	90.25
	段泥			
	香气	汤色	滋味	综合评分 *
1	90.40	91.40	89.20	89.88
3	89.80	90.80	89.80	90.00
5	89.40	91.20	88.75	89.37

乐桃　利永公司出品

第五节 结论

一、三种紫砂壶冲泡西湖龙井研究结果

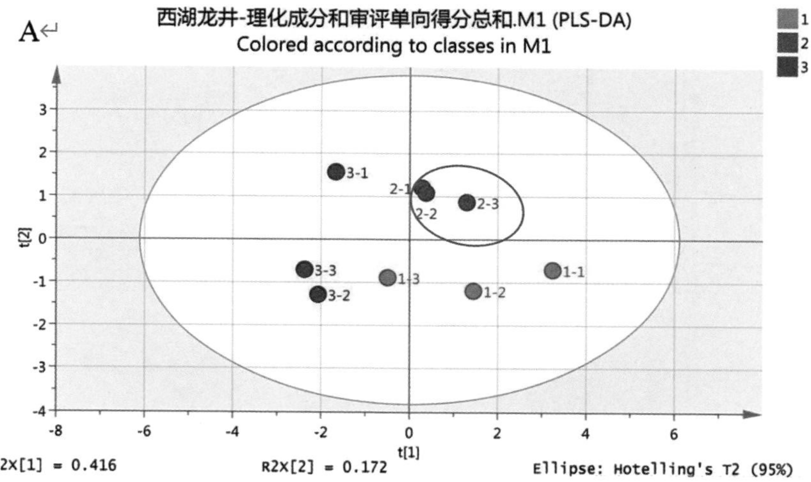

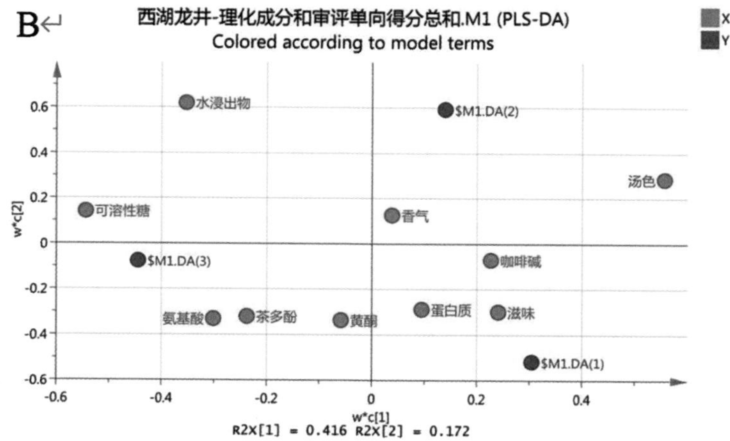

注 A: 得分图 B：荷载图；1：红泥 2：紫泥 3：段泥

图 5-1 不同泥料的壶泡西湖龙井理化成分 PLS-DA 分析

用偏最小二乘法判别分析对用不同泥料的壶泡的西湖龙井进行分析，并通过统计分析找出重要理化成分。

PLS-DA 模型包含两个主成分，拟合参数为 R2X=0.412、Q2=0.172。各项本在第一主成分和第二主成分构成的平面上的投影得分值就是空间坐标，能够直观地反映三种泥料壶间的相似性或差异性。

通过图可知，三种壶在泡西湖龙井的时候有一定的差异性，红泥壶的三个平行处于第四象限，而紫泥壶的三个平行均集中处于第一象限。

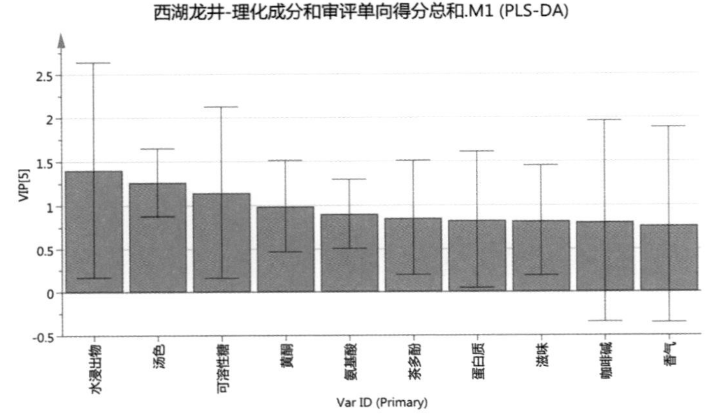

图 5-2　西湖龙井 PLS-DA 模型 VIP 图

VIP 值可以量化 PLS-DA 的每个变量对分类的贡献，VIP 值越大，变量在不同泥料的壶之间的差异越显著。由图可知，PLS-DA 分级计算出 VIP 值，发现有 3 个理化成分的 VIP 值 >1，分别是水浸出物、汤色和可溶性糖，对分类起了最重要的作用，与测定数据结果一致。

实验结果表明，用红泥壶冲泡西湖龙井的品质最佳，紫泥壶次之，段泥壶再次之。

结合实验理化测定结果和审评结果可知，用红泥冲泡茶汤中可溶性蛋白浓度显著高于其他两种壶，所以茶汤的口感更为顺滑；茶多酚含量显著低于段泥壶，氨基酸略低于段泥但无显著性差异，这种组合使得其酚氨比显著低于其他两种泥料的壶冲泡出的茶汤，例如在第一泡时，段泥壶茶汤的酚氨比为3.7568，而红泥壶的仅有2.1902，第三泡时，红泥壶、紫泥壶、段泥壶冲泡西湖龙井茶汤的酚氨比分别为8.5705，10.0747，10.3587。黄酮的量显著高于用紫泥壶泡的茶汤，黄酮与绿茶茶汤的关系比较大，形成了西湖龙井茶汤黄绿的色泽，咖啡碱含量显著高于紫泥和段泥，咖啡碱与儿茶素形成氢键，阻断了儿茶素与唾液蛋白结合，能够降低苦涩味，增强茶汤的鲜爽度。

二、三种紫砂壶冲泡莫干黄茶研究结果

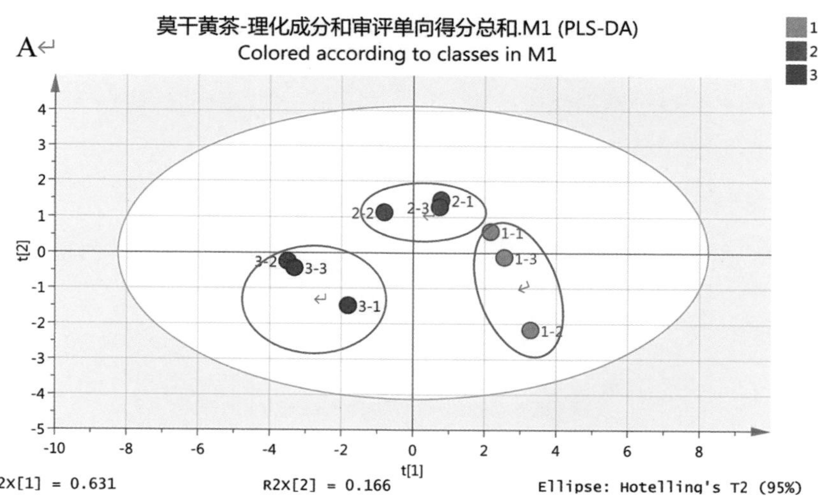

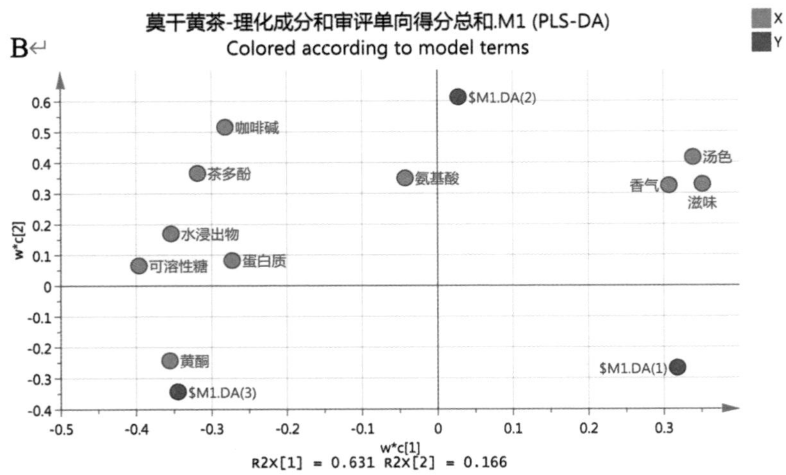

注 A: 得分图　B：荷载图; 1：红泥　2：紫泥　3：段泥

图 5-3　不同泥料的壶泡莫干黄茶理化成分 PLS-DA 分析

用偏最小二乘法判别分析对用不同泥料的壶泡的西湖龙井进行分析，并通过统计分析找出重要理化成分。

PLS-DA 模型包含两个主成分，拟合参数为 R2X=0.631、Q2=0.166。各项本在第一主成分和第二主成分构成的平面上的投影得分值就是空间坐标，能够直观地反映三种泥料壶间的相似性或差异性。

通过图可知，三种壶在泡莫干黄茶的时候有一定的差异性。

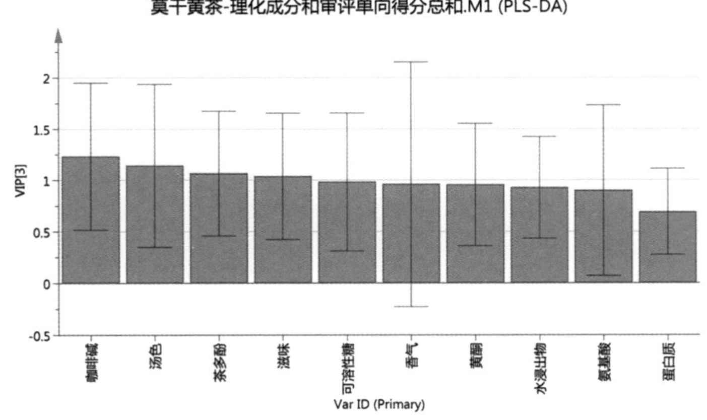

图 5-4　莫干黄茶 PLS-DA 模型 VIP 图

VIP 值可以量化 PLS-DA 的每个变量对分类的贡献，VIP 值越大，变量在不同泥料的壶之间的差异越显著。由图可知，PLS-DA 分级计算出 VIP 值，发现有 4 个理化成分的 VIP 值 >1，分别是咖啡碱、汤色审评得分和茶多酚和滋味审评得分，对分类起了最重要的作用，与测定数据结果一致。

实验结果表明，对于黄茶而言：用紫泥壶冲泡茶汤的品质最佳，红泥壶次之，段泥壶再次之。

结合实验数据和审评结果可知用紫泥冲泡黄茶氨基酸含量最高，所以茶汤会更为鲜爽，茶多酚和可溶性糖和咖啡碱含量也均显著高于红泥壶，使得茶汤滋味跟其他泥料的壶冲泡的茶汤相比更加醇厚与甘甜。

三、三种紫砂壶冲泡白牡丹研究结果

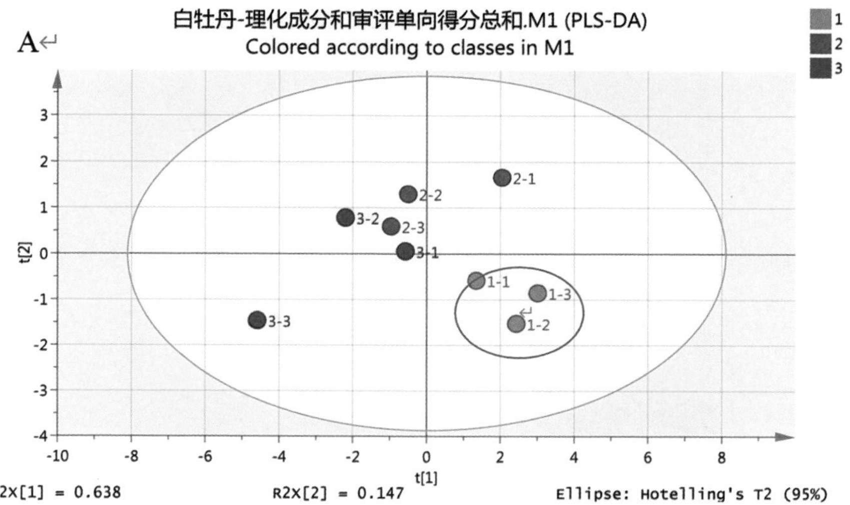

B↵

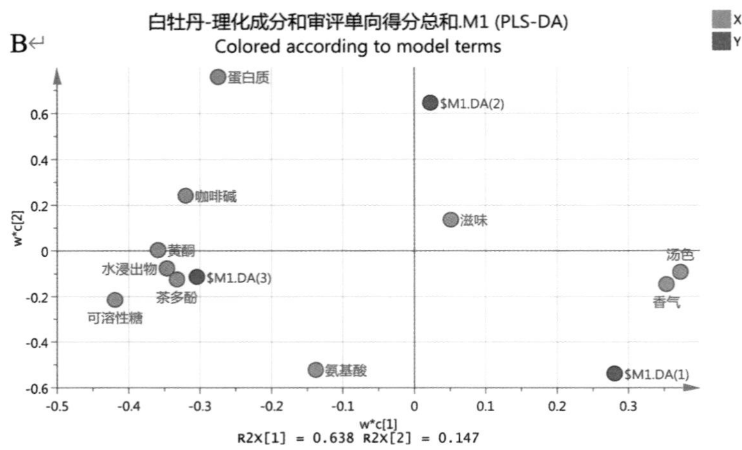

注 A: 得分图　B：荷载图；1：红泥　2：紫泥　3：段泥

图 5-5　不同泥料的壶泡白牡丹理化成分 PLS-DA 分析

用偏最小二乘法判别分析对用不同泥料的壶泡的白牡丹进行分析，并通过统计分析找出重要理化成分。

PLS-DA 模型包含两个主成分，拟合参数为 R2X=0.638、Q2=0.147。各项本在第一主成分和第二主成分构成的平面上的投影得分值就是空间坐标，能够直观地反映三种泥料壶间的相似性或差异性。

通过图可知，三种壶在泡白牡丹的时候有一定的差异性。

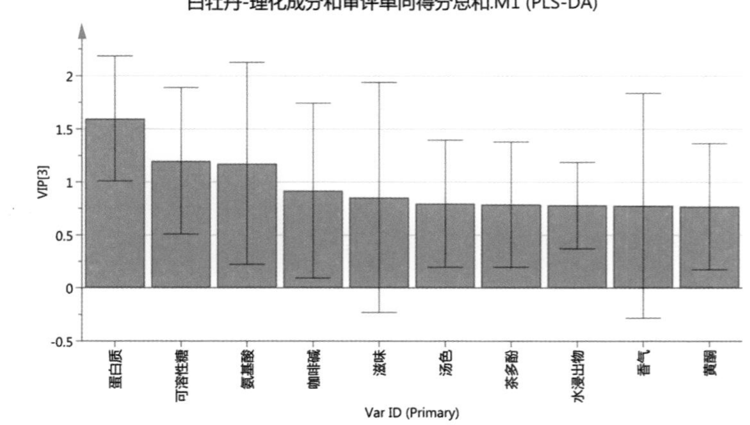

图 5-6　白牡丹 PLS-DA 模型 VIP 图

VIP 值可以量化 PLS-DA 的每个变量对分类的贡献，VIP 值越大，变量在不同泥料的壶之间的差异越显著。由图可知，PLS-DA 分级计算出 VIP 值，发现有 3 个理化成分的 VIP 值 >1，分别是蛋白质、可溶性糖和氨基酸，对分类起了最重要的作用，与测定数据结果一致。

实验结果表明，对于白牡丹而言：用段泥壶冲泡茶汤品质最佳，红泥壶次之，紫泥壶再次之。

实验结果表明，对于白牡丹而言，用段泥壶冲泡的茶汤氨基酸含量显著高于用紫泥壶冲泡的结果，茶汤的滋味更为鲜爽，茶多酚的含量也显著高于其他，茶汤滋味有一定的强度，稍有涩味但回味爽口，黄酮、可溶性糖和咖啡碱的含量也是最高且显著高于其他两种，结合水浸出物的数据看也是如此，由此可得用段泥泡白牡丹在滋味和营养价值上都要显著高于其他两种壶。

四、三种紫砂壶冲泡熟普研究结果

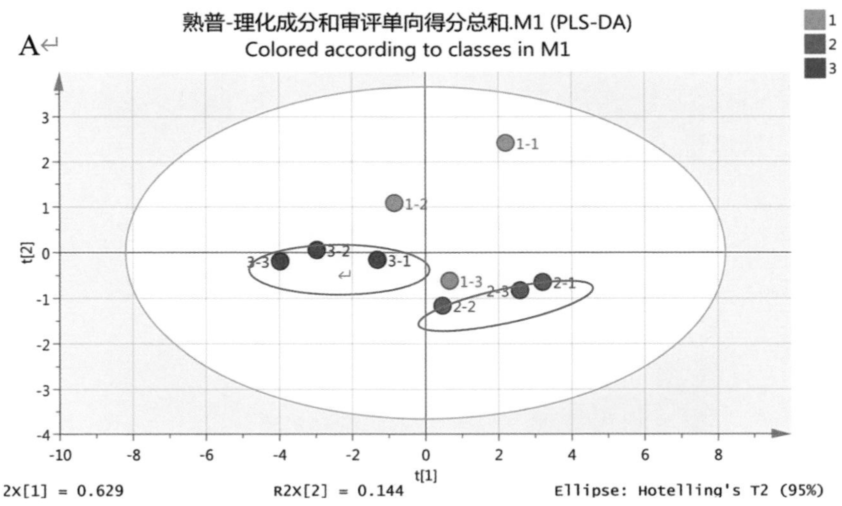

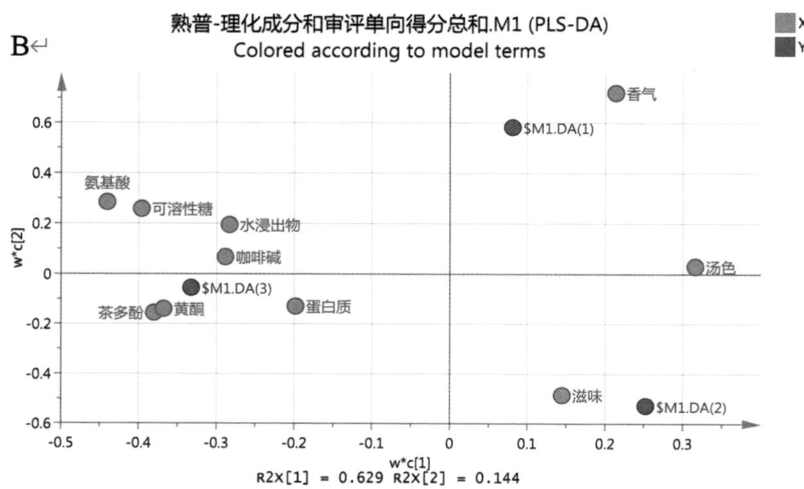

注 A: 得分图 B：荷载图；1：红泥 2：紫泥 3：段泥

图 5-7 不同泥料的壶泡熟普理化成分 PLS-DA 分析

用偏最小二乘法判别分析对用不同泥料的壶泡的熟普进行分析，并通过统计分析找出重要理化成分。

PLS-DA 模型包含两个主成分，拟合参数为 R2X=0.629、Q2=0.144。

通过图可知，三种壶在泡熟普的时候有一定的差异性。

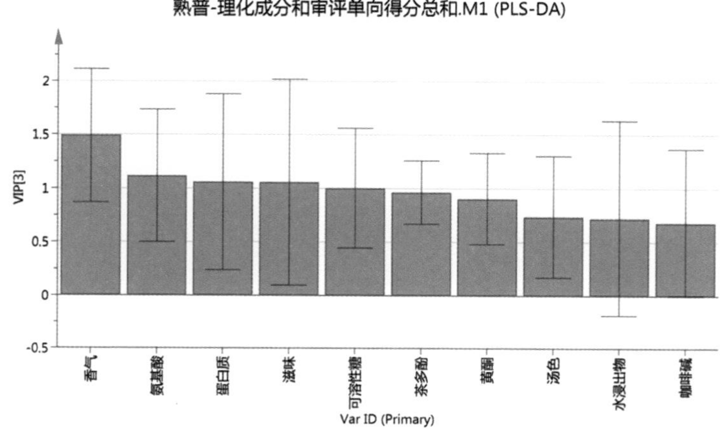

图 5-8 熟普 PLS-DA 模型 VIP 图

VIP 值可以量化 PLS-DA 的每个变量对分类的贡献，VIP 值越大，变量在不同泥料的壶之间的差异越显著。由图可知，PLS-DA 分级计算出 VIP 值，发现有 5 个理化成分的 VIP 值 >1，分别是香气审评得分、氨基酸、蛋白质、滋味审评得分和可溶性糖，对分类起了最重要的作用，与测定数据结果一致。

对于熟普而言：用红泥壶冲泡茶汤品质最佳，紫泥壶次之，段泥壶再次之。

实验结果表明，用红泥壶冲泡茶汤中其氨基酸含量要高于紫泥壶，茶汤更为鲜爽，茶多酚含量为三种壶中最低，黄酮显著低于段泥而可溶性糖与其他壶相比无显著性差异，这种协调性让熟普茶汤的甘甜度更好些。

五、三种紫砂壶冲泡凤庆红茶研究结果

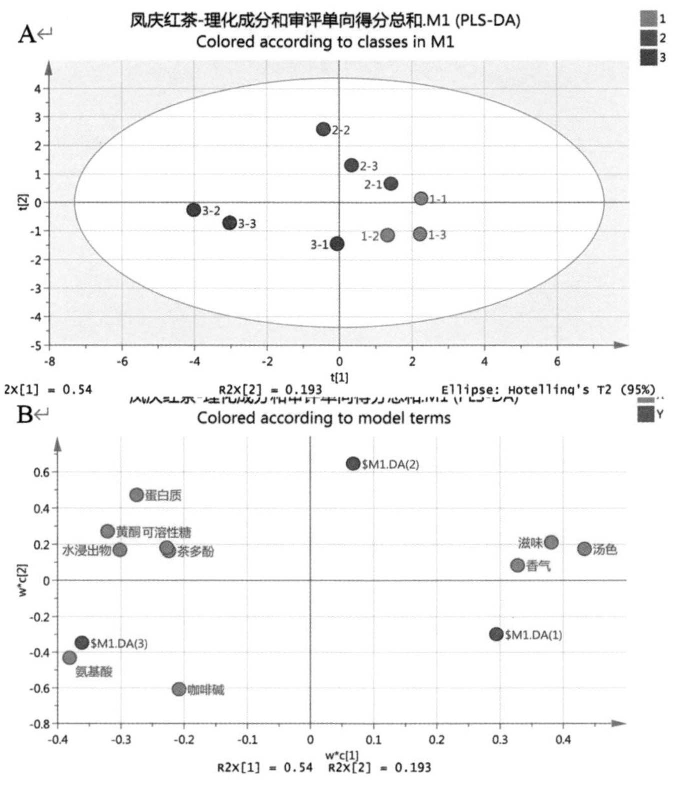

注 A: 得分图 B：荷载图；1：红泥 2：紫泥 3：段泥

图 5-9 不同泥料的壶泡凤庆红茶理化成分 PLS-DA 分析

用偏最小二乘法判别分析对用不同泥料的壶泡的熟普进行分析，并通过统计分析找出重要理化成分。

PLS-DA 模型包含两个主成分，拟合参数为 R2X=0.54、Q2=0.193。

通过图 5-10 可知，三种壶在泡凤庆红茶的时候有一定的差异性，但差异性较小。

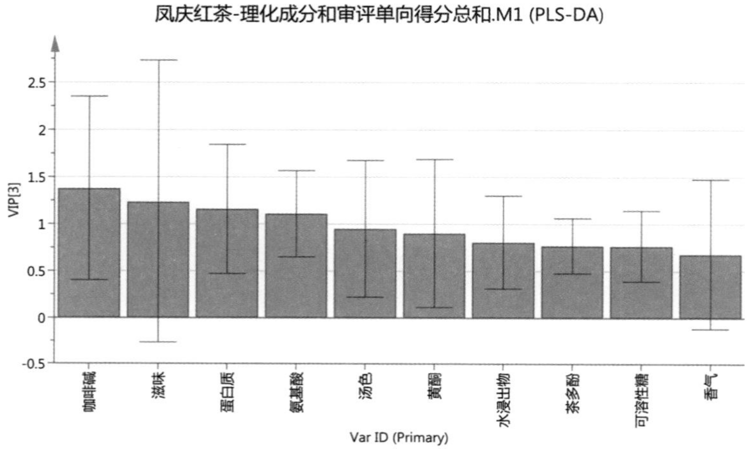

图 5-10　凤庆红茶 PLS-DA 模型 VIP 图

VIP 值可以量化 PLS-DA 的每个变量对分类的贡献，VIP 值越大，变量在不同泥料的壶之间的差异越显著。由图可知，PLS-DA 分级计算出 VIP 值，发现有 4 个理化成分的 VIP 值 >1，分别是咖啡碱、滋味审评得分、蛋白质和氨基酸，对分类起了最重要的作用，与测定数据结果一致。

对于凤庆红茶而言：用红泥壶冲泡茶汤品质最佳，紫泥壶次之，段泥壶再次之。

实验结果表明，对于凤庆红茶，用红泥壶冲泡茶汤氨基酸含量显著高于用紫泥壶，而茶多酚含量显著低于其他两种壶冲泡的茶汤，因此茶汤的涩感比较低，更加醇和鲜甜。

六、三种紫砂壶冲泡铁观音研究结果

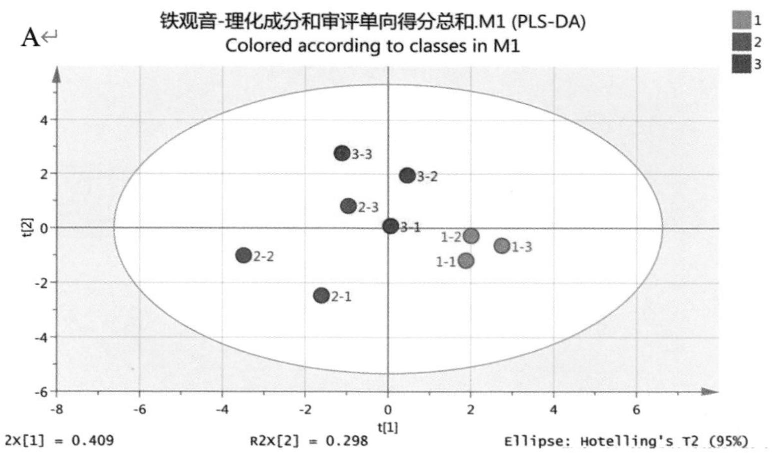

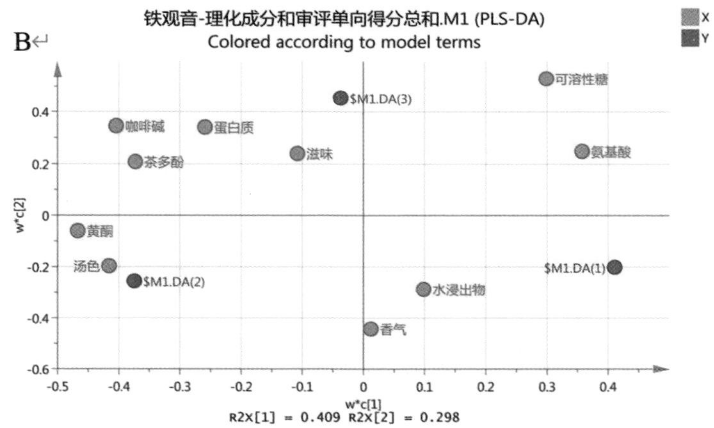

注 A: 得分图　B：荷载图；1：红泥　2：紫泥　3：段泥

图 5-11　不同泥料的壶泡铁观音理化成分 PLS-DA 分析

用偏最小二乘法判别分析对用不同泥料的壶泡的熟普进行分析，并通过统计分析找出重要理化成分。

PLS-DA 模型包含两个主成分，拟合参数为 R2X=0.409、Q2=0.298。

通过图 5-12 可知，三种壶在泡铁观音的时候有一定的差异性，但差异性较小。

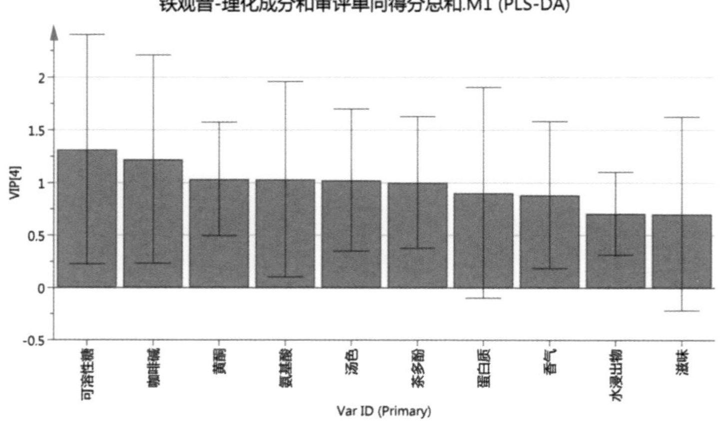

图 5-12　铁观音 PLS-DA 模型 VIP 图

VIP 值可以量化 PLS-DA 的每个变量对分类的贡献，VIP 值越大，变量在不同泥料的壶之间的差异越显著。由图可知，PLS-DA 分级计算出 VIP 值，发现有 6 个理化成分的 VIP 值 >1，分别是可溶性糖、咖啡碱、黄酮、氨基酸、汤色审评得分和茶多酚，对分类起了最重要的作用，与测定数据结果一致。

对于铁观音而言：用紫泥壶冲泡茶汤的品质最佳，红泥壶次之，段泥壶再次之。

实验结果表明，对于铁观音，用紫泥壶冲泡茶汤中茶多酚的浸出浓度显著高于红泥壶，黄酮的浸出浓度显著高于其他两个壶，咖啡碱浸出浓度显著高于用红泥壶冲泡，这些品质都让铁观音茶汤有一定的强度，且与可溶性糖和氨基酸配合呈现出鲜爽甘甜之口感。

对于铁观音而言，对茶汤香气的考察是综合评价中的重要部分，实验结果表明，用紫砂壶泡铁观音茶汤的香气物质种类显著高于段泥壶，这些香气物质中，二甲基硅二醇、辛醛、（E,E）-2,4- 庚二烯醛、苯乙醛、芳樟醇（玫瑰花香）、苯乙腈（杏仁味）、水杨酸甲酯（冬青油味）、癸醛、3,7- 二甲基 -2,6- 辛二烯 -1- 醇、反式 -2- 癸烯醛、4,6- 二甲基十二烷、吲哚（青臭气味）、2- 硝基乙基 - 苯、茉莉酮（茉莉花香）、β - 丁酸苯乙酯（甜蜜果香）、（Z）-6,10- 二甲基 -5,9- 十一二烯 -2- 酮、E）- β - 金合欢烯、二十烷、正十六烷（无明显味道）、反式 - 橙花叔醇（花香，苹果香）、顺式 -3- 己烯醇苯甲酸酯、2,2,4-

三甲基-1,3-戊二醇二异丁酸酯、雪松醇（松子味）这些香气物质的含量比常规处理的显著性提高。用紫泥壶冲泡时，与铁观音香气清幽持久、花香的主要香气物质如玫瑰花香的芳樟醇、有清香的吲哚、花香苹果香的反式-橙花叔醇、甜蜜果香的β-丁酸苯乙酯的含量高于用段泥壶冲泡的茶汤，有茉莉花香的茉莉酮要高于其他两种泥料的壶。

结果表明

绿茶采用红泥壶冲泡茶汤品质最佳，紫泥壶次之，段泥壶再次之。

黄茶采用紫泥壶冲泡茶汤品质最佳，红泥壶次之，段泥壶再次之。

白茶采用段泥壶冲泡茶汤品质最佳，红泥壶次之，紫泥壶再次之。

黑茶采用红泥壶冲泡茶汤品质最佳，紫泥壶次之，段泥壶再次之。

红茶采用红泥壶冲泡茶汤品质最佳，紫泥壶次之，段泥壶再次之。

乌龙茶采用紫泥壶冲泡茶汤品质最佳，红泥壶次之，段泥壶再次之。

利永紫砂博物馆外景

参考文献

1 李景康，张虹 . 阳羡砂壶图考 [M]. 香港：香港百壶山馆，1937.

2 韩其楼 . 宜兴紫砂陶 [M]. 南京：江苏人民出版社，1981.

3 吴山 . 中国工艺美术大词典 [M]. 南京：江苏美术出版社，1989.

4 顾景舟，徐秀棠，李昌鸿 . 宜兴紫砂珍赏 [M]. 香港：三联书店（香港）有限公司，1991.

5 史俊棠，盛畔松 . 紫砂春秋 [M]. 上海：文汇出版社，1991.

6 屠幼英 . 茶与健康 [M]. 北京：世界图书出版公司，2011.

7 屠幼英，乔德京 . 茶学入门 [M]. 杭州：浙江大学出版社，2014.

8 周小东 . 宜兴窑系 [M]. 香港：中国文化出版社，2016.

9 陈茆生 . 紫砂壶铭鉴赏 [M]. 南京：江苏凤凰教育出版社，2018.

图书在版编目（CIP）数据

紫砂问茶 / 杨飞编著. -- 杭州 : 浙江大学出版社, 2024.5

ISBN 978-7-308-24191-5

Ⅰ. ①紫… Ⅱ. ①杨… Ⅲ. ①紫砂陶－陶瓷茶具－研究－中国 Ⅳ. ①K876.34

中国国家版本馆CIP数据核字(2023)第169628号

紫砂问茶

杨飞　编著

策划编辑　陈丽霞
责任编辑　何　瑜
责任校对　余健波
责任印制　范洪法
封面设计　林智广告
出版发行　浙江大学出版社
（杭州市天目山路148号　邮政编码　310007）
（网址：http：//www.zjupress.com）
排　　版　杭州林智广告有限公司
印　　刷　杭州高腾印务有限公司
开　　本　710mm×1000mm　1/16
印　　张　14.25
字　　数　240千
版 印 次　2024年5月第1版　2024年5月第1次印刷
书　　号　ISBN 978-7-308-24191-5
定　　价　88.00元

浙江大学出版社市场运营中心联系方式：0571-88925591；http：//zjdxcbs.tmall.com